Zeugnisse im Beruf

Hans Friedrich

Zeugnisse im Beruf

richtig schreiben · richtig verstehen

FALKEN

Vom FALKEN Autor Hans Friedrich sind erschienen:
»Erfolgreiche Bewerbung um einen Ausbildungsplatz« (Nr. 0715)
»Lebenslauf und Bewerbung« (Nr. 0428)
»Vorstellungsgespräche« (Nr. 0636)
»Die ersten Tage am neuen Arbeitsplatz« (Nr. 0855)
»Lob und Würdigung in Briefen und Reden« (Nr. 0535)

CIP-Titelaufnahme der Deutschen Bibliothek

Friedrich, Hans:
Zeugnisse im Beruf: richtig schreiben, richtig verstehen / Hans Friedrich. – Nachaufl. – Niedernhausen/Ts.: FALKEN, 1989
(FALKEN Bücherei)
ISBN 3-8068-0544-X

Umschlaggestaltung: Zembsch' Werkstatt, München
Titelbild: Peter Udo Pinzer, Idstein

Gesamtherstellung: Wiesbadener Graphische Betriebe GmbH, Wiesbaden

161 514 131 211 109

Inhalt

Einführung

Liebe Leserin, lieber Leser,

mit Zeugnissen können Sie aus verschiedenen Gründen zu tun haben. Als Arbeitnehmer sind Sie daran interessiert, beim Ausscheiden aus einem Unternehmen ein Arbeitszeugnis zu bekommen, das Ihre Chancen bei der Suche nach einer neuen Stelle erhöht. Nicht immer aber wissen Sie, ob das Zeugnis tatsächlich so gut ist, wie es Ihnen auf den ersten Blick erscheint: Sind alle Formulierungen wirklich so positiv, wie sie Ihnen vorkommen? Enthält das Zeugnis vielleicht einen Geheimcode? Fehlt nichts Wesentliches? Kann ein geübter Leser aus dem Zeugnis etwas herauslesen, was Sie eventuell gar nicht erkennen können, was er aber negativ auslegt? Sie spüren vielleicht nur die Folgen, wenn Sie sich erfolglos bewerben.

Als Arbeitgeber oder als Mitarbeiter einer Personalabteilung befinden Sie sich ebenfalls oft in einer schwierigen Lage: Das eine Mal wollen Sie einem ausscheidenden guten Mitarbeiter ein Zeugnis schreiben, das seinen Leistungen und seinem Verhalten tatsächlich gerecht wird. Ein anderes Mal müssen Sie einem schwachen Mitarbeiter ein Zeugnis schreiben, das ihn in seinem Fortkommen nicht behindert. Oft wandern Sie dabei auf einem schmalen Grat zwischen »verständigem Wohlwollen« und der Wahrheit. Und bei der Auswahl von Mitarbeitern stehen Sie vor dem Problem, aus manchmal recht wenig aussagefähigen Zeugnissen herauslesen zu müssen, ob ein Bewerber für die vorgesehene Aufgabe geeignet ist oder nicht.

Ist das Schreiben und das Lesen von Arbeitszeugnissen wirklich eine Geheimwissenschaft, eine dunkle Angelegenheit, die nur wenige Experten durchschauen? Sind die meisten Empfänger von Arbeitszeugnissen den Formulierkünsten der Personalleute hilflos ausgeliefert?
Dieses Buch will mit manchen Vorurteilen aufräumen, die rund um das Arbeitszeugnis entstanden sind. Es will allen Betroffenen, den Schreibern wie den Lesern und den Empfängern den Umgang mit Zeugnissen erleichtern, indem es Formulier- und Lesehilfen anbietet. Hoffentlich trägt es zu etwas mehr Zeugniswahrheit und Zeugnisklarheit bei.

Die allgemeine Bedeutung von Arbeitszeugnissen

In einem Zeugnis bestätigt der bisherige Arbeitgeber einem ausscheidenden Mitarbeiter zumindest die Art und Dauer seiner Tätigkeit (einfaches Zeugnis) und auf Wunsch auch die Leistung und Führung, sein Verhalten im Betrieb (qualifiziertes Zeugnis). Zeugnisse sind im allgemeinen die einzigen schriftlichen Dokumente eines Arbeitnehmers über seinen beruflichen Werdegang. Dabei zeigen einfache Zeugnisse zumindest die einzelnen Stationen seines Berufsweges und die jeweilige Verweildauer auf. Qualifizierte Zeugnisse bilden darüber hinaus auch einen Nachweis über seine Kenntnisse und Fähigkeiten, seine Leistungen und Stärken sowie sein Verhalten. Aus einer Reihe von Zeugnissen kann man auch in gewissem Umfang die persönliche Entwicklung des Beurteilten ablesen.
Zeugnisse dienen einem Arbeitnehmer als Nachweis seiner Eignung bei der Bewerbung um eine neue Stelle. Sie erleichtern oder erschweren sein Fortkommen und seine berufliche Entwicklung, je nachdem, ob sie insgesamt eher positiv oder negativ formuliert sind.
Einem künftigen Arbeitgeber dienen die Zeugnisse als eine Informationsquelle über einen neuen Mitarbeiter. Je nach Qualität und Ausführlichkeit der Zeugnisse kann er aus den Aussagen über die bisherigen Tätigkeiten und Leistungen und das Verhalten Schlüsse auf die mögliche Eignung des Kandidaten für die zukünftige Tätigkeit ziehen.
Bei einfachen und wenig qualifizierten Tätigkeiten spielt das Zeugnis eine relativ geringe Rolle. Hier werden oft auch nur einfache Zeugnisse verlangt und ausgestellt. Häufig werden Mitarbeiter in solchen Tätigkeitsgruppen auch ohne Arbeitszeugnisse eingestellt.
Je anspruchsvoller die Tätigkeit und je gehobener eine Position ist, desto größere Bedeutung wird Zeugnissen beigemessen. Hier werden in der Regel beim Ausscheiden des Mitarbeiters qualifizierte Zeugnisse ausgestellt und bei Bewerbungen auch verlangt.
Bei absoluten Spitzenpositionen nimmt die Bedeutung von Zeugnissen wieder ab. Führungskräfte in den Chefetagen sind im allgemeinen in der Branche soweit bekannt, daß sie ihre Qualifikation nicht gerade mit Hilfe von Zeugnissen nachweisen müssen.
Die Entwicklung der letzten Jahre zeigt, daß immer mehr qualifizierte Zeugnisse verlangt und auch geschrieben werden. Zugleich nimmt aber auch das Unbehagen der Personalleute darüber zu, daß die Zeugnisse immer häufiger »geschönt« werden und damit ihre Aussagefähigkeit immer mehr verlieren.

Die arbeitsrechtliche Seite des Zeugnisses

Der Zeugnisanspruch

Der Arbeitgeber ist zur Ausstellung eines Arbeitszeugnisses gesetzlich verpflichtet. Die entsprechenden gesetzlichen Regelungen stehen

- für kaufmännische und sonstige Angestellte in § 73 HGB und § 630 BGB.
- für gewerbliche Arbeitnehmer in § 630 BGB und § 113 GewO.
- für Auszubildende in § 8 BBiG (und §§ 80 HGB, 127c GewO, 23 HandwO).

Diese Paragraphen sind im Anhang wiedergegeben.
Der Anspruch des Arbeitnehmers auf ein Arbeitszeugnis erwächst aus der allgemeinen Fürsorgepflicht des Arbeitgebers. Voraussetzung ist allerdings, daß auf Grund eines privatrechtlichen Vertrages (Arbeitsvertrag) ein dauerndes Arbeitsverhältnis vorliegt. Der Zeugnisanspruch des Arbeitnehmers besteht auch dann, wenn ein auf Dauer angelegtes Arbeitsverhältnis kurzfristig beendet wird. So ist zum Beispiel vom Landesarbeitsgericht Düsseldorf bereits nach zweitägiger Beschäftigung das Recht auf ein qualifiziertes Zeugnis eingeräumt worden. Dies ist jedoch ein Extremfall. Im allgemeinen kann man ein qualifiziertes Zeugnis sinnvollerweise erst dann erwarten, wenn die Zeit der Mitarbeit ausreicht, ein qualifiziertes Urteil über den Mitarbeiter abzugeben. Anderenfalls behelfen sich die Arbeitgeber häufig mit einem einfachen Zeugnis.
Auch bei Probearbeitsverhältnissen hat der Arbeitnehmer einen Anspruch auf ein Zeugnis, das auf seinen Wunsch zu einem qualifizierten Zeugnis zu erweitern ist. Es ist jedoch zweifelhaft, ob ohne Zustimmung des Arbeitnehmers erwähnt werden darf, daß ein Probearbeitsverhältnis bestanden hat, das nicht fortgesetzt wurde.
Der Zeugnisanspruch entsteht mit Beendigung des Arbeitsverhältnisses (§§ 73 HGB, 630 BGB, 113 GewO). Entgegen dem Wortlaut dieser Gesetze haben Arbeitnehmer aber bereits bei der Kündigung einen Zeugnisanspruch.
Der Zeugnisberechtigte soll nämlich bereits vor Beendigung des Arbeitsverhältnisses die Möglichkeit haben, sich eine neue Arbeitsstelle zu suchen und bei der Bewerbung ein Zeugnis vorzulegen.
Ein solches Zeugnis wird »vorläufiges Zeugnis« oder »Zwischenzeugnis« genannt. Es muß bei der Aushändigung des endgültigen Zeugnisses dem Arbeitgeber zurückgegeben werden.
Andere Anlässe zum Ausstellen eines Zwischenzeugnisses sind:

- Suche nach einer neuen Ausbildungsstelle ohne vorherige Kündigung
- Wechsel des langjährigen Vorgesetzten
- Wechsel des Arbeitnehmers in eine andere Abteilung, ein anderes Aufgabengebiet, einen anderen Unternehmensteil, ins Ausland
- (bevorstehende) Betriebsveräußerung, Stillegung.

Bei fristloser Kündigung entsteht der Zeugnisanspruch sofort. Endet ein Arbeitsverhältnis ohne Kündigung, weil es nur für eine bestimmte Zeit eingegangen ist (befristetes Arbeitsverhältnis), so entsteht der Zeugnisanspruch angemessene Zeit vor Ablauf des Arbeitsverhältnisses. Das ist in der Regel der Zeitraum, der bei einer ordentlichen Kündigung einzuhalten wäre.
Ein Zeugnis kann auch nach Beendigung des Arbeitsverhältnisses beansprucht werden, sofern der Anspruch nicht verjährt ist. Die Verjährungsfrist beträgt 30 Jahre!
Auf ein Zeugnis kann nicht im voraus verzichtet werden, zum Beispiel in einer Ausgleichsquittung. Auch ein gerichtlicher Vergleich, in dem alle gegenseitigen Ansprüche aus dem Arbeitsverhältnis für erledigt erklärt werden, enthält nicht ohne weiteres einen Verzicht auf ein Zeugnis.
Der Arbeitgeber hat das Zeugnis bei Beendigung des Arbeitsverhältnisses bereitzuhalten. Er braucht es jedoch nur auf Anforderung des Arbeitnehmers auszuhändigen. Anders verhält es sich bei Zeugnissen zur Beendigung von Ausbildungsverhältnissen. Hier muß der Ausbildende ein Zeugnis ausstellen, auch wenn dies der Auszubildende nicht verlangt.
Außer den im Gesetz erwähnten Arbeitnehmern haben auch noch folgende Personengruppen einen Anspruch auf ein Arbeitszeugnis:

- leitende Angestellte
- Organmitglieder (gesetzliche Vertreter juristischer Personen) wie Vorstandsmitglieder von Aktiengesellschaften, Geschäftsleitungsmitglieder von GmbH – wenn sie nicht zugleich Gesellschafter sind, die zwar Arbeitgeberfunktion haben, aber nicht völlig unabhängig sind
- arbeitnehmerähnliche Personen wie Heimarbeiter, »kleine« Handelsvertreter (Art. 3 Handelsvertretergesetz), sogenannte freie Mitarbeiter (persönlich selbständig, aber wirtschaftlich abhängig)
- mithelfende Familienangehörige
- Leiharbeiter (gegenüber der Verleihfirma)
- Anlernlinge, Volontäre, Trainees, Praktikanten, Personen, die in einem Fortbildungs- oder Umschulungsverhältnis stehen.

Der späteste Zeitpunkt für die Ausstellung eines Arbeitszeugnisses ist das Ende der Verjährungsfrist (30 Jahre). Grundsätzlich könnte der Arbeitnehmer bis zu diesem Zeitpunkt seinen Anspruch geltend machen. Diese Verjährungsregel hat aber nur theoretische Bedeutung. Praktisch ist der Anspruch schon früher verwirkt, weil dem Arbeitgeber die Erinnerung an die dem Zeugnis zugrunde liegenden Tatsachen fehlen wird. Es ist ihm dann die Erfüllung der Zeugnispflicht nicht mehr zuzumuten. Eine feste zeitliche Grenze gibt es jedoch nicht. Darüber entscheiden die Umstände im Einzelfall. Verständlicherweise ist der Anspruch auf ein qualifiziertes Zeugnis eher verwirkt als auf ein einfaches Zeugnis. Es kommt auch darauf an, ob der Arbeitnehmer eine

qualifizierte Tätigkeit verrichtet hat, wie lange er im Unternehmen gearbeitet hat, ob es sich um einen großen Betrieb mit starker Fluktuation handelt und ob der unmittelbare Vorgesetzte noch im Unternehmen arbeitet.
Im allgemeinen wird aus diesen Gründen die Verjährung nach 3 Jahren, in Ausnahmefällen erst nach 5 Jahren eintreten.
Im Falle eines Konkurses bleibt der Gemeinschuldner zur Ausstellung des Zeugnisses verpflichtet. Bei einem Geschäftsübergang kraft Gesetzes (zum Beispiel Erbgang) ist der neue Geschäftsinhaber zur Erteilung des Zeugnisses und der Unterschrift verpflichtet. Bei einem rechtsgeschäftlichen Übergang (Verkauf) muß vom Zeitpunkt des Übergangs der neue Arbeitgeber das Zeugnis ausstellen. Der bisherige Arbeitgeber haftet aber in bestimmtem Umfang neben dem neuen Arbeitgeber weiter.

Die Art der Beurteilung

Die Formulierung des Arbeitszeugnisses, insbesondere die Beurteilung der Leistung und des Verhaltens, ist Sache des Arbeitgebers. Der Arbeitnehmer hat keinen Anspruch auf bestimmte Formulierungen.
Der Arbeitgeber muß sich bei der Beurteilung wie bei der Formulierung seines Urteils an das nach der Verkehrssitte übliche Maß halten. So dürfen fehlerhafte Leistungen, die innerhalb eines längeren Zeitraums nur selten vorkommen, nicht besonders herausgestellt werden. Hier ist eine Gesamtbeurteilung zu formulieren, die eine mindestens durchschnittliche Leistung und annehmbares Verhalten erkennen läßt.
Es dürfen keine Sätze ausgelassen werden, die üblicherweise in Zeugnissen erwartet werden, und es dürfen keine Satzstellungen oder Formulierungen gewählt werden, die zu Fehldeutungen führen könnten. So dürfen zum Beispiel Wendungen wie »... hat sich stets Mühe gegeben« oder »seine Arbeitsweise war im wesentlichen einwandfrei« nur verwendet werden, wenn ein negatives Urteil abgegeben werden soll, daß die erwarteten Leistungen nicht erbracht worden sind. Ein Ausrufungszeichen hinter einem Satz: »Seine Leistungen und sein Verhalten waren ausreichend!« darf nur verwendet werden, wenn damit ausdrücklich eine Warnung ausgesprochen werden soll.
Als Folge der Rechtsprechung der Arbeitsgerichte hat sich das Verfahren, ungünstige Tatsachen oder negative Urteile nicht unmittelbar zu nennen, sondern durch vorsichtige Formulierungen oder Weglassen anzudeuten, in der Praxis in erheblichem Maße durchgesetzt. Da sich nach Ansicht der Arbeitsgerichte die Arbeitgeber hierauf eingerichtet haben, sind solche Praktiken zulässig. Die Gerichte gehen auch davon aus, daß die neuen Arbeitgeber »zwischen den Zeilen« lesen können und daß sie die Möglichkeit haben, durch Auskünfte des alten Arbeitgebers Näheres zu erfahren.
Da Beurteilungen wie »im ganzen gut« oder »zufriedenstellend« in der be-

trieblichen Praxis eher negative Bedeutung haben, muß sie der Arbeitgeber begründen können.
Die Rechtsprechung hat aber auch deutliche Formulierungen über schlechte Eigenschaften des Arbeitgebers zugelassen: »Die Führung im Dienst gab mehrfach zu Beanstandungen Anlaß.« Oder: »Des öfteren mangelte es ihm gegenüber der Geschäftsleitung, seinen Ausbildern und Kollegen am nötigen taktvollen Verhalten.«

Anspruch auf ein neues Zeugnis

Wenn ein Arbeitnehmer sein Zeugnis verliert, so hat der frühere Arbeitgeber ihm ein neues Zeugnis auszustellen. Da er im Regelfall eine Kopie des ursprünglichen Zeugnisses aufbewahrt hat, wird ihm dies nicht schwerfallen. Muß er das Zeugnis jedoch aus der Erinnerung rekonstruieren, so braucht er das Zeugnis nur in dem Umfang zu schreiben, wie er auf Grund von Unterlagen, Informationen und seines Gedächtnisses hierzu in der Lage ist. Es ist ihm zum Beispiel nicht zuzumuten, bei ausgeschiedenen Mitarbeitern Rückfragen anzustellen.
Umstritten ist, ob ein Mitarbeiter, der zunächst nur ein einfaches Zeugnis verlangt hatte, später noch ein qualifiziertes Zeugnis verlangen kann. Wenn der Mitarbeiter ein besonderes Bedürfnis geltend machen kann (hat er zum Beispiel Schwierigkeiten, ohne qualifiziertes Zeugnis eine neue Stelle zu finden), und vermag der Arbeitgeber noch ein Urteil über Leistungen und Verhalten abzugeben, so sollte er ein qualifiziertes Zeugnis nachliefern. Er kommt damit seiner »nachgehenden Fürsorgepflicht« nach und geht dem Risiko eines Arbeitsgerichtsprozesses aus dem Wege.

Spätere Änderung des Zeugnisses

Entspricht das Zeugnis nicht den Tatsachen oder ist die Form nicht in Ordnung, so kann der Arbeitnehmer das Zeugnis beanstanden und vom Arbeitgeber Berichtigung verlangen. Diese Forderung kann der Arbeitnehmer notfalls vor dem Arbeitsgericht durchsetzen. Er muß allerdings beweisen, daß das Zeugnis unrichtig ist (Angaben über Art und Dauer des Beschäftigungsverhältnisses, über Tätigkeiten, Funktionen, besondere Kenntnisse und Fähigkeiten). Bei Bewertungen ist es jedoch Sache des Arbeitgebers, die Tatsachen nachzuweisen, die dieser Bewertung zugrundeliegen.
In einem solchen Prozeß muß der Arbeitnehmer genau formulieren, welche Änderungen und Zusätze er verlangt. Das Arbeitsgericht prüft, ob das Zeugnis in seiner bisherigen Form den Tatsachen entspricht, ob es in der richtigen Weise erstellt wurde und ob die Bewertungen des Arbeitgebers unter Anle-

gung der üblichen Maßstäbe zutreffen. Dann prüft es die Vorstellungen und Argumente des Arbeitnehmers.
Die Berichtigung besteht darin, daß der Arbeitgeber ein neues Zeugnis ausstellt und dafür das ursprüngliche Zeugnis zurückerhält. Eine Berichtigung auf dem alten Zeugnis ist nicht erlaubt, weil der alte Text sichtbar bleibt und weil der Verdacht erregt wird, daß die Änderung erst auf späteres Verlangen des Arbeitnehmers erfolgte. Dadurch kann ein ungünstiger Eindruck bei einem neuen Arbeitgeber erweckt werden. Im neuen Zeugnis darf deshalb auch kein Hinweis stehen, daß es auf Grund eines gerichtlichen Urteils formuliert wurde.

Gerichtliche Durchsetzung des Zeugnisanspruchs

Wenn der Arbeitgeber das Zeugnis nicht oder nicht richtig ausstellt, kann der Arbeitnehmer vor dem Arbeitsgericht das Zeugnis einklagen. Der Arbeitnehmer kann dabei nur verlangen, ein einfaches oder ein qualifiziertes Zeugnis zu bekommen. Er hat aber keinen Anspruch auf einen bestimmten Wortlaut. Wird der Arbeitgeber zur Ausstellung des Zeugnisses verurteilt, ist er im Wortlaut frei. Ist der Arbeitnehmer dann mit der Formulierung nicht einverstanden, muß er eine Änderung vor dem Arbeitsgericht beantragen (siehe »Spätere Änderung des Zeugnisses«).

Zurückbehaltungsrecht des Arbeitgebers

Da der Anspruch auf ein Zeugnis zwingendes Recht ist, kann er nicht rechtswirksam ausgeschlossen werden. Eine Verzichtserklärung des Arbeitnehmers ist wirkungslos. Trotz eigener Gegenforderungen (zum Beispiel zuviel gezahltes Entgelt, gegebene Darlehen, zur Verfügung gestellte Arbeitsmittel u. a.) hat der Arbeitgeber in keinem Fall ein Zurückbehaltungsrecht.

Schadenersatzpflicht des Arbeitgebers bei Verletzung seiner Pflicht zur Zeugniserstellung

Der Arbeitgeber, der schuldhaft (vorsätzlich oder fahrlässig) seine Zeugnispflicht verletzt, indem er ein Zeugnis verspätet oder unrichtig ausstellt, kann sowohl seinem Arbeitnehmer als auch gegenüber Dritten (künftige Arbeitgeber) schadenersatzpflichtig werden.

Die Ansprüche des Arbeitnehmers

Der Arbeitnehmer hat gegenüber dem Arbeitgeber Schadenersatzansprüche, wenn dieser

- die Erteilung eines Zeugnisses ablehnt,
- das Zeugnis zu spät erteilt,

- ein unrichtiges Zeugnis erteilt,
- die Berichtigung eines zu Recht beanstandeten Zeugnisses ablehnt.

Dem Arbeitnehmer kann dadurch ein Schaden entstehen, daß sich durch ein nicht rechtzeitig oder unrichtig ausgestelltes Zeugnis die Neueinstellung des Arbeitnehmers verzögert. In diesem Fall hat der Arbeitgeber unter Umständen den Verdienstausfall zu ersetzen.

Das Problem liegt aber in der Beweislast, die beim Arbeitnehmer bleibt. Er muß zum Beispiel beweisen, daß die Nichterteilung trotz ausdrücklichen Verlangens, die verspätete Erteilung oder die Erteilung eines unrichtigen Zeugnisses für den Schaden des Arbeitnehmers ursächlich gewesen ist. Im Streitfall muß er darlegen und beweisen, daß ein bestimmter Arbeitgeber bereit gewesen wäre, ihn einzustellen, sich dann aber wegen des fehlenden oder unrichtigen Zeugnisses hat abhalten lassen.

Wie bei allen Schadenersatzansprüchen ist der Arbeitnehmer auch hier verpflichtet, alles zu tun, um den Schaden so gering wie möglich zu halten. Er muß zum Beispiel

- die Ausstellung eines einfachen oder qualifizierten Zeugnisses verlangt und somit den Arbeitgeber in Verzug gesetzt haben;
- das Zeugnis abgeholt haben (bei Zeugnissen besteht Abholpflicht, es sei denn, der Arbeitnehmer hätte betriebliches Hausverbot. Dann ist der Arbeitgeber zur unverzüglichen Übersendung des Zeugnisses verpflichtet);
- bei einer fristlosen Entlassung dem Arbeitgeber einen angemessenen Zeitraum zur Ausstellung des Zeugnisses eingeräumt haben;
- ein unrichtiges Zeugnis beanstandet haben. (Hat er es widerspruchslos hingenommen, so hat er aus der Sicht des Arbeitgebers das Zeugnis als Erfüllung anerkannt, und ein Schadenersatzanspruch entfällt.)

Die Ansprüche Dritter

Verstößt ein Arbeitgeber bei der Ausstellung des Zeugnisses gegen die Wahrheitspflicht, so haftet er gegenüber einem neuen Arbeitgeber auf Schadenersatz, wenn dieser im Vertrauen auf die Angaben des Zeugnisses einen Mitarbeiter einstellt, den er bei Kenntnis bestimmter Tatsachen nicht eingestellt hätte. Voraussetzung ist natürlich, daß der neue Arbeitgeber durch den neuen Mitarbeiter einen Schaden erleidet.

Ein typischer Fall der Haftung des alten Arbeitgebers gegenüber dem neuen Arbeitgeber lag einer Entscheidung des Bundesarbeitsgerichts (vom 26. 11. 1963) zugrunde: In einem Zeugnis hatte der alte Arbeitgeber einem wegen Unterschlagung fristlos entlassenen Mitarbeiter bescheinigt, dieser habe jede ihm übertragene Aufgabe zur Zufriedenheit seines Arbeitgebers erledigt. Dieser Arbeitnehmer unterschlug auch beim neuen Arbeitgeber Geld. Der alte Arbeitgeber wurde verurteilt, dem neuen Arbeitgeber den unterschlagenen Betrag zu ersetzen.

Einzelfragen der Zeugnisgestaltung

Ehrlichkeit

Es braucht nicht in jedem Zeugnis ausdrücklich auf die Ehrlichkeit eines Arbeitnehmers hingewiesen zu werden. Diese Eigenschaft wird heute allgemein als selbstverständlich vorausgesetzt.
Nur in bestimmten Berufskreisen gehört Ehrlichkeit zu den ausdrücklich zu erwähnenden Eigenschaften. So haben zum Beispiel Verkäuferinnen, Kassierer oder Hausgehilfinnen einen Anspruch auf eine entsprechende Hervorhebung im Zeugnis.
Auf einen bloßen subjektiven Verdacht hin (Diebstahl, Unterschlagung) darf ein Hinweis auf Ehrlichkeit nicht verweigert werden. Hierzu reicht nur ein durch Tatsachen begründeter Verdacht oder eine nachgewiesene Unehrlichkeit. Ist diese Unehrlichkeit nachgewiesen, sollte sie, je nach Schwere, nicht nur in einem kurzen Hinweis abgetan werden. Es sollten vielmehr auch die Tatsachen erwähnt werden.

Einmalige Vorfälle

Ein Zeugnis muß die wesentlichen Tatsachen und Bewertungen enthalten. Daraus folgt, daß einmalige, nicht so bedeutende Vorfälle, die für den Mitarbeiter nicht typisch und für sein Gesamtbild nicht charakteristisch sind, nicht in das Zeugnis aufgenommen werden dürfen.
Diese Regel gilt ebenso für solche Vorfälle, die sich positiv auswirken, wie erst recht für negative Ereignisse, selbst wenn diese den Entlassungsgrund bilden. So rechtfertigt zum Beispiel ein einmaliges Fernbleiben ohne rechtzeitige Benachrichtigung des Arbeitgebers noch keine ungünstige Beurteilung.

Krankheiten

Krankheiten sind in einem Zeugnis nur anzugeben, wenn sie die Leistungen oder das Verhalten des Arbeitnehmers am Arbeitsplatz wesentlich beeinflußt haben.
In diesem Zusammenhang ist zu bedenken, ob Alkoholismus als Krankheit angesehen werden kann (wie es die Mediziner und die Krankenkassen inzwischen tun). In der Mehrzahl der Fälle wird Alkoholismus zur Zeit in den Zeugnissen noch verschwiegen oder bestenfalls verschämt umschrieben (vergleiche auch das Zeugnisbeispiel des Baggerführers auf Seite 47).
Es kann zulässig sein, bei einem Arbeitnehmer, der wegen langanhaltender oder ansteckender Krankheit fristgerecht oder sogar fristlos entlassen wurde,

die Krankheit als Kündigungsgrund anzugeben. Dadurch räumt man den Verdacht von anderen, in der Person des Arbeitnehmers liegenden Kündigungsgründen, insbesondere bei einer fristlosen Entlassung, aus.

Straftaten

Straftaten dürfen in einem Arbeitszeugnis nur angegeben werden, wenn sie in unmittelbarem Zusammenhang mit dem Arbeitsverhältnis stehen. Es sind also Untreue, Unterschlagung und Diebstahl und eventuell auch Körperverletzung im Betrieb anzugeben. Beeinflußt die Straftat den Dienst nicht, so darf sie auch dann nicht im Zeugnis erwähnt werden, wenn sie zur Entlassung des Mitarbeiters geführt hat. Wurde zum Beispiel ein Mitarbeiter entlassen, weil er wegen einer folgenschweren Schlägerei nach Feierabend eine Gefängnisstrafe abbüßt, so ist dieser Kündigungsgrund im Zeugnis nicht zu erwähnen.
Schwebende Verfahren dürfen grundsätzlich nicht in einem Zeugnis erwähnt werden. Aber auch von dieser Regel gibt es Ausnahmen. So hatte ein Heimerzieher für milieugeschädigte Schüler seinen früheren Arbeitgeber auf Schadenersatz verklagt, weil dieser im Zeugnis ein gegen den Arbeitnehmer schwebendes Verfahren erwähnt hatte. Es ging in diesem Verfahren um unsittliche Handlungen, die der Arbeitnehmer begangen haben sollte. Er wurde später freigesprochen. Ein interessierter neuer Arbeitgeber erkundigte sich auf Grund des Hinweises im Zeugnis beim alten Arbeitgeber und erhielt Auskunft. Daraufhin sah er von einer Einstellung ab. Das Bundesarbeitsgericht wies die Klage des Arbeitnehmers, der Arbeitgeber hätte das schwebende Verfahren nicht erwähnen und auch keine Auskunft erteilen dürfen, zurück.

Tätigkeit in Betriebsrat und Jugendvertretung

Die Tätigkeit eines Arbeitnehmers als Betriebsratsmitglied darf nur dann in das Zeugnis aufgenommen werden, wenn der Arbeitnehmer dies ausdrücklich wünscht. Das gleiche gilt für Mitglieder der Jugendvertretung. War der Arbeitnehmer allerdings als Betriebsratsmitglied von der Arbeit freigestellt und entfällt deshalb für den Arbeitgeber die Möglichkeit, die Leistungen und das Verhalten zu beurteilen, so ist dies im Zeugnis zu erwähnen.

Art des Ausscheidens des Arbeitnehmers

Im Zeugnis sind in der Regel weder die Art des Ausscheidens noch die Kündigungsgründe anzugeben. Ausnahmen sind nur dann zulässig, wenn insbesondere bei einer fristlosen Entlassung der Grund und die Art der Beendigung des Arbeitsverhältnisses für die Gesamtbeurteilung eine entscheidende Rolle

spielen. Das Arbeitsgericht Bremen schränkte diesen Grundsatz noch weiter ein: Selbst eine außerordentliche Kündigung wegen eines groben Vertrauensmißbrauchs rechtfertige dann nicht die Aufnahme des Kündigungsgrundes in das Zeugnis, wenn es sich um einen einmaligen Vorfall handele, der für das Gesamtverhalten des Arbeitnehmers mit Rücksicht auf sein späteres Fortkommen nicht von maßgeblicher Bedeutung sei.
Wenn ein Mitarbeiter auf eigenen Wunsch aus einem Unternehmen ausscheidet, hat er in der Regel ein starkes Interesse daran, daß dies auch im Zeugnis erwähnt wird. Er hofft nämlich, daß eine eigene Kündigung vom Zeugnisleser positiv vermerkt wird. Der Arbeitgeber hat diesem Wunsch seines Mitarbeiters zu entsprechen.
Ebenfalls wird ein Arbeitnehmer Wert auf einen entsprechenden Hinweis legen, wenn ihm wegen Arbeitsmangel oder Betriebsstillegung gekündigt wurde.

Erteilung von Auskünften durch den Arbeitgeber

Der Arbeitgeber ist *verpflichtet,* auf Verlangen und im Interesse des Arbeitnehmers Dritten (künftigen Arbeitgebern) sorgfältig und wahrheitsgemäß Auskunft über Leistungen und Verhalten des Arbeitnehmers zu geben. Diese Pflicht leitet sich aus der Treue- und Fürsorgepflicht des Arbeitgebers ab. Die Verpflichtung ist auf Auskünfte an solche Personen beschränkt, mit denen der Arbeitnehmer in Verhandlungen über den Abschluß eines Arbeitsvertrages steht. Sie gewinnen besondere Bedeutung, wenn der künftige Arbeitgeber Auskunft über solche Punkte wünscht, die im Zeugnis nicht oder nicht ausführlich genug angesprochen wurden, oder wenn das Zeugnis so zurückhaltend abgefaßt worden ist, daß sich dem Leser Zweifel aufdrängen.
Über schriftlich erteilte Auskünfte muß der Arbeitgeber dem Mitarbeiter auf Wunsch Kenntnis geben.
Der Arbeigeber ist *berechtigt,* einem anderen Arbeitgeber Auskunft über einen Arbeitnehmer zu geben. Dies gilt auch dann, wenn der Arbeitnehmer der Auskunftserteilung widerspricht und sogar dann, wenn dem Arbeitnehmer durch die wahrheitsgemäße Auskunft ein Schaden entstehen sollte.
Auf Auskünfte des Arbeitgebers über seinen ausscheidenden Mitarbeiter sind die Grundsätze anzuwenden, die für die Ausstellung eines Zeugnisses gelten: Die Auskünfte müssen wahr, vollständig und wohlwollend sein; sie dürfen nicht ohne Grund berufsschädigenden Charakter haben.
Eine falsche Auskunft kann wie ein falsches Zeugnis den Arbeitgeber schadenersatzpflichtig machen.

Der Ganzheitscharakter des Zeugnisses

Ein Arbeitszeugnis muß als Ganzes betrachtet werden. Dies gilt für den Zeugnisschreiber wie den Zeugnisleser. Der Schreiber sollte sich beim Abfassen des Zeugnisses immer vor Augen halten: Das Zeugnis muß in sich stimmen; es darf keine Widersprüche enthalten. Die einzelnen Teile von der Tätigkeitsbeschreibung über die Beurteilung von Leistungen und Verhalten bis zu den Schlußformulierungen müssen aufeinander abgestimmt sein.

Wird zum Beispiel als Aufgabengebiet die Tätigkeit einer Sekretärin beschrieben, werden dann aber in der Leistungsbeurteilung nur gute Schreibleistungen lobend erwähnt und wird in der Verhaltensbeurteilung nur auf das kollegiale Verhalten gegenüber Mitarbeitern eingegangen, dann fragt sich der Leser, ob hier nur aus Nachlässigkeit eine unvollständige Beurteilung erfolgte oder ob auf schwerwiegende Mängel aufmerksam gemacht werden soll. Wird schließlich als Kündigungsgrund »beiderseitiges Einvernehmen« (im Klartext: Kündigung durch den Arbeitgeber) angegeben und in der Schlußformulierung das Ausscheiden einer sehr qualifizierten Mitarbeiterin bedauert, dann paßt in diesem Zeugnis nur wenig zusammen.

Wenn die einzelnen Aussagen eines Zeugnisses nicht in Einklang zueinander stehen, kann der Zeugnisschreiber damit schon etwas beabsichtigt haben: Vielleicht wollte er durch das Auslassen wichtiger Aussagen, die von sachkundigen Lesern erwartet werden, oder durch Widersprüche dem Zeugnisleser Hinweise geben, daß der Zeugnisinhaber ein schwacher Kandidat ist. Vielleicht wollte er auch nur dem Problem aus dem Weg gehen, mit dem Mitarbeiter über negative Urteile im Zeugnis zu streiten. Damit hat er aber dem Leser das Problem aufgeladen, zu rätseln, ob die Lücken und Widersprüche Zufall oder Absicht sind und was sie ausdrücken sollen.

Für das Lesen und Auswerten eines Zeugnisses gilt erst recht, das Zeugnis als Ganzes zu sehen und zu bewerten. Man darf nicht nur den Bedeutungsinhalt einzelner isolierter Formulierungen beachten, weil sie gerade gut in die eigenen Wünsche und Vorstellungen passen. Man muß vielmehr die Zusammenhänge zwischen den einzelnen Zeugniselementen sehen. So können zum Beispiel positive Einzelformulierungen durch eine fehlende oder »lieblose« Abschlußformel stark entwertet werden oder Widersprüche zwischen Tätigkeitsbeschreibung und Leistungsbeurteilung den Aussagewert des Zeugnisses stark in Frage stellen. Die Kunst des Zeugnislesens besteht hier darin, Fehlendes oder Überflüssiges richtig einzuschätzen und zu beachten, ob die »verkehrsüblichen« Formalien eingehalten wurden.

Wenn eine Reihe aufeinanderfolgender Zeugnisse mehrerer Arbeitgeber vorgelegt wird, ergibt sich für den Leser ein zuverlässigeres Bild. Er kann feststellen, welche Aussagen oder Auslassungen sich wie ein roter Faden durchgängig durch alle Zeugnisse ziehen. Diese haben dann einen hohen Wahr-

scheinlichkeitsgrad. Er kann aus sich ergänzenden oder sich bestätigenden Aussagen ein einigermaßen abgesichertes Mosaikbild zusammensetzen. Schließlich kann er bei offensichtlichen Widersprüchen und Ungereimtheiten weitere Nachforschungen anstellen: Er kann die Zeugnisersteller um ergänzende Informationen bitten (meist erhält er bereits telefonisch die gewünschten Auskünfte) oder den Bewerber im Vorstellungsgespräch befragen.
Das folgende Zwischenzeugnis mag als Beispiel dafür dienen, wie widersprüchlich manche Zeugnisse sein können. Hier soll ein Mitarbeiter weggelobt werden, zugleich aber soll dem Zeugnisleser signalisiert werden, wo die erheblichen Schwächen dieses Mitarbeiters liegen. Der Schreiber des Zeugnisses bedient sich aber keines allgemein bekannten Codes, sondern verklausuliert individuell und überläßt es dem Leser, welche Schlüsse er aus den Informationen und Widersprüchen zieht.

Zwischenzeugnis

Herr Konrad W., geboren am 25.02.19.. in K., ist seit 01.04.19.. in unserem Unternehmen tätig.
Herr W. wurde zunächst als Bezirksverkäufer in der Region West eingesetzt.

Schon nach knapp zwei Jahren konnte ihm im Rahmen des weiteren Ausbaus unseres Verkaufsaußendienstes die Position eines Gebietsverkaufsleiters übertragen werden. In dieser Funktion unterstanden ihm bis zu 20 Bezirksverkäufer.
Herr W. hatte die Aufgabe, mit den ihm unterstellten Bezirksverkäufern sein Gebiet optimal zu erschließen und durch Betreuung der Altkunden, durch Neuwerbung und durch vorgegebene Verkaufsförderungsmaßnahmen die Umsätze im geplanten Umfang zu steigern. Durch gute Personalführung, Schulung und Motivation führte Herr W. sein Verkaufsgebiet zu überdurchschnittlichem Erfolg.
Im Zuge der Neuorganisation unseres Außendienstes wurde Herrn W. am 01.09.19.. die Position des Schulungslei-

ters unseres Außendienstes im Range eines Regionalleiters übertragen.
In dieser Tätigkeit ist er für das Erkennen von Schulungsbedarf und das Entwickeln bzw. die Durchführung von Förderungsmaßnahmen zur Qualifikationserhöhung des Verkaufsaußendienstes - besonders der Führungsebene "Gebietsverkaufsleiter" - zuständig.
Herr W. hat mehrere Förderseminare für Bezirksverkaufsleiter und Führungstrainings für Gebietsverkaufsleiter von jeweils fünftägiger Dauer nach einem thematisch fortführenden Stufenplan geplant, organisiert und eigenverantwortlich allein durchgeführt. Ziel dieser Fördermaßnahmen ist es, eine geeignete Führungsreserve für unseren Außendienst auszuwählen und heranzubilden.
Die Führungstrainings für Gebietsverkaufsleiter wurden für einen Personenkreis von ca. 40 Gebietsverkaufsleitern, die Anfang 19.. neu eingesetzt wurden, durchgeführt. Diese Drei-Stufen-Seminare beinhalten wesentliche psychologische Führungshilfen und die Schulung von Verhaltensweisen für diese spezielle Führungsposition.

Herr W. ist rhetorisch erstklassig, seine Lehrmethoden sind fließend variabel. Seine exzellente, persönlich dominierende Darstellung wird von dem jeweiligen Teilnehmerkreis als warmherzig und überaus empfindsam immer gern akzeptiert. Die Übermittlungstechnik setzt ein hohes Niveau und überaus positive Charaktere der Teilnehmer voraus.

Herr W. hat sich durch einen weitgesteckten Rahmen von externen Führungs-, Verkaufs- und Trainerseminaren in überaus aufnahmebereiter Weise eine Schulungs- und Lernfähigkeit angeeignet, die optimal ist und erheblich über die Grenzen der notwendigen Außendienstbelange hinauszeigt. Seine persönlichen Ambitionen liegen eindeutig im Bereich der qualitativen Personalentwicklung, bereits in der Auswahl und dann in der Schulung höherer Ebenen. Herr W. ist ein wertvoller Mitarbeiter, der mit enormem Wissen, schulischem Können und immensem Ausbildungsgeschick die notwendige, maßgerechte Motivation, neuen Elan und die nötige Ausbildungsbasis unseren Gebietsverkaufsleitern in ihrer Außendienst-Schlüsselstellung zweifelsfrei vermitteln kann.

Dieses Zwischenzeugnis wurde auf Wunsch von Herrn W. erstellt.

Nach den ersten acht Abschnitten dieses Zwischenzeugnisses muß der Leser den Eindruck gewinnen, es mit einem überdurchschnittlich guten Mitarbeiter zu tun zu haben. Wahrscheinlich war Herr W. auch tatsächlich ein guter Verkäufer (das steht zwar nicht im Zeugnis, läßt sich aber daraus schließen, daß er bereits nach knapp zwei Jahren Gebietsverkaufsleiter mit ca. 20 Mitarbeitern wurde). Als Bezirksverkaufsleiter werden ihm überdurchschnittliche Verkaufs- und Führungserfolge bescheinigt. Daraufhin wurde er weiterbefördert (Regionalleiter) und erhielt eine neue Aufgabe (Schulungsleiter). In dieser Position und Aufgabe beginnen offenbar seine Probleme: Seiner neuen Aufgabe ist er nur bedingt gewachsen. Ab Abschnitt 9 des Zwischenzeugnisses muß der Leser deuten, was der Zeugnisschreiber sagt und meint. Die erstklassige rhetorische Begabung kann durchaus positiv sein – vielleicht redet Herr W. aber auch seine Zuhörer in Grund und Boden.
Was »fließend variable« Lehrmethoden sein mögen, bleibt ein Geheimnis des Zeugnisschreibers. Vielleicht sind sie der Situation, den Lernzielen und den Teilnehmern angepaßt – das wäre gut. Vielleicht sind sie aber auch schwammig, oder es ist gar keine Methode erkennbar.
Die »exzellente« Darstellung wird durch die Aussage »persönlich dominierend« wieder stark eingeschränkt. Hier stellt sich wohl jemand hauptsächlich selbst dar. Daß solche Selbstdarstellung von den Trainingsteilnehmern als »warmherzig« und »überaus empfindsam« (vielleicht ist gemeint, Herr W. ist mimosenhaft empfindlich?) gewertet wird, ist schwer zu verstehen.
»Hohes Niveau« der Teilnehmer bedeutet vermutlich, daß Herr W. wohl »über

die Köpfe« der Teilnehmer hinweg doziert. Und wenn »überaus positive Charaktere« vorausgesetzt werden, heißt das wohl im Klartext: Wenn die Teilnehmer nicht sehr freundlich, friedlich und geduldig sind, gibt es in den Trainingsveranstaltungen einen Aufstand.
In Abschnitt 10 wird Herrn W. bescheinigt, daß er überdurchschnittlich eifrig an seiner eigenen Weiterbildung gearbeitet hat, dabei aber vielleicht unkritisch alles in sich aufnahm. Für seine derzeitige Position ist er entweder überqualifiziert, oder – was wahrscheinlicher ist – er kann sich nicht auf die Bedürfnisse und das Niveau seiner Zielgruppen einstellen. Er ist zudem wohl mehr theoretisch als praktisch ausgerichtet, und das ist für einen Außendiensttrainer ein weiterer Fehler. Offenbar strebt er nach höheren und anderen Aufgaben (qualitative Personalentwicklung, Schulung höherer Ebenen).
Die ersten Aussagen von Abschnitt 11 decken sich zwar mit dem positiven Bild der ersten acht Abschnitte, stehen aber in krassem Widerspruch zu den Aussagen über die Qualifikation des Herrn W. als Schulungsleiter. Der Schluß des Satzes »zweifelsfrei vermitteln kann« rückt das Bild wieder ein wenig gerade: Er »kann« wohl die Ausbildungsbasis schaffen, tut oder will es aber nicht.
Sicher ist dieses Zwischenzeugnis ein Extrembeispiel. Es zeigt aber, zu welchen Formulierungsleistungen Zeugnisschreiber fähig sind, wenn sie die beiden manchmal fast unvereinbaren Ziele Wohlwollen und Wahrheit unter einen Hut bringen wollen. Es zeigt auch, welchen Mühen und Zweifeln ein Zeugnisleser ausgesetzt sein kann, wenn er ein verklausuliertes Zeugnis deuten will. Und letztlich zeigt es auch noch, daß es nicht genügt, aus einem Zeugnis die dem jeweiligen Leser wichtig erscheinenden Passagen herauszugreifen und isoliert zu betrachten. Alle Informationen müssen aufmerksam gelesen und in ihrer Gesamtheit bewertet werden.

Die unterschiedlichen Interessenlagen von Arbeitnehmern und Arbeitgebern

Die Arbeitnehmer und die Arbeitgeber haben naturgemäß ein sehr unterschiedliches Interesse an einem Zeugnis.
Die Arbeitnehmer haben grundsätzlich ein Interesse an einem positiven Zeugnis, weil dies ihrem beruflichen Fortkommen, insbesondere bei der Stellensuche, dient. Deshalb erwarten sie ein Zeugnis, das ihre Tätigkeiten, Leistungen, Fähigkeiten und ihr Verhalten in einem möglichst günstigen Licht darstellt. Müssen sie befürchten, daß ihnen ihr Arbeitgeber zu Recht ein ungünstig qualifiziertes Zeugnis schreibt, verzichten sie eventuell hierauf und

lassen sich nur ein einfaches Zeugnis ausstellen. Erhalten sie hingegen ein schlechteres Zeugnis, als es ihnen ihrer Meinung nach zusteht, werden sie von ihrem Arbeitgeber eine Änderung, das heißt eine Neuausstellung des Zeugnisses verlangen. Kommt dieser ihren Wünschen nicht nach, können sie in einem Verfahren vor dem Arbeitsgericht eine Berichtigung des Zeugnisses anstreben. Allerdings müssen sie hier beweisen, daß das Zeugnis unrichtig ist.

Die Arbeitgeber haben zwei verschiedene Interessenlagen, je nachdem, ob sie gerade Zeugnisschreiber oder Zeugnisleser sind.

Als Schreiber von Arbeitszeugnissen wollen sie im allgemeinen ihren Mitarbeitern Zeugnisse schreiben, die deren Fortkommen unterstützen oder zumindest nicht unnötig erschweren. Hierfür gibt es verschiedene Gründe:

- Sie waren mit dem Mitarbeiter tatsächlich zufrieden und schreiben als Dank und Anerkennung zu Recht ein gutes Zeugnis.
- Sie waren mit dem Mitarbeiter nicht zufrieden und wollen ihn deshalb »wegloben«. Entsprechend »geschönt« fällt dann das Zeugnis aus.
- Sie waren mit dem Mitarbeiter nicht zufrieden, scheuen aber die Auseinandersetzung mit ihm wegen ungünstiger Formulierungen, vielleicht sogar ein Verfahren vor dem Arbeitsgericht. Also schreiben sie ein nicht gerechtfertigt positives Zeugnis.
- Sie müssen zum Beispiel wegen Arbeitsmangel Mitarbeiter entlassen und versuchen, diesen die Trennung durch ein positives Zeugnis zu versüßen. Sie schreiben ein solches Zeugnis, das ihren Mitarbeitern die Suche nach einer neuen Stelle erleichtern soll.
- Sie halten sich unabhängig von der Qualifikation ihrer Mitarbeiter an die weitverbreitete Übung, Zeugnisse von einem »verständigen Wohlwollen« getragen zu formulieren. Sie folgen damit der Rechtsprechungspraxis der Arbeitsgerichte, die immer stärker neben dem Grundsatz der Wahrheit auch den des Wohlwollens und der Fürsorge gegenüber dem Arbeitnehmer bei der Zeugnisformulierung herausstellen.

Es kann jedoch nicht im wohlverstandenen Interesse eines Mitarbeiters liegen, ein ungerechtfertigt positives Zeugnis zu erhalten. Überschätzt er daraufhin seine tatsächlichen Fähigkeiten und Möglichkeiten und bewirbt er sich erfolgreich für eine Stelle, die er nicht ausfüllen kann, erleidet er eventuell später Schiffbruch. Wenn er dadurch einen »Knick« in seiner Laufbahn bekommt, ist ihm sicher weniger gedient, als wenn er auf Grund eines seinen tatsächlichen Fähigkeiten entsprechenden Zeugnisses eine Stelle gefunden hätte, in der er erfolgreich tätig sein kann.

Die Arbeitgeber können die Zeugnisse nicht beliebig schönfärben. Sie riskieren sonst eventuell Schadenersatzansprüche des neuen Arbeitgebers, wenn sie den Mitarbeiter übertrieben positiv beurteilen, vor allem aber, wenn sie

wesentliche negative Tatsachen verschwiegen haben. Erleidet der neue Arbeitgeber nämlich durch den Mitarbeiter Schaden, weil er ihn im Vertrauen auf die positive Zeugnisaussage eingestellt hat (zum Beispiel wurde eine Unterschlagung verschwiegen, und der Mitarbeiter unterschlägt beim neuen Arbeitgeber wieder), dann kann er gegen den früheren Arbeitgeber auf Schadenersatz klagen.
Auch muß sich ein Arbeitgeber überlegen, wieweit er es riskieren kann, zu gute Beurteilungen in einem Arbeitszeugnis abzugeben. Mit seinem Arbeitszeugnis stellt er sich und sein Beurteilungsvermögen der Kritik eines künftigen Arbeitgebers. Wenn der hochgelobte Arbeitnehmer am neuen Arbeitsplatz nur mäßige Leistungen bringt, muß sich der alte Arbeitgeber zumindest den Vorwurf gefallen lassen, er habe ein sehr niedriges Anforderungsniveau oder schlechte Menschenkenntnis.
Eine völlig andere Interessenlage hat der Arbeitgeber, wenn er eine Stelle zu besetzen hat. Jetzt ist er auf Informationen angewiesen, die ihm die Suche nach dem richtigen Mitarbeiter erleichtern. Er wünscht sich deshalb Zeugnisse, die ihm klar und deutlich Auskunft über die fachliche und menschliche Eignung des künftigen Mitarbeiters geben.
In der betrieblichen Praxis stoßen die Interessengegensätze häufig hart aufeinander. So findet sich mancher Arbeitgeber heute in der Rolle des wohlwollend oder verklausuliert formulierenden Zeugnisschreibers und vielleicht schon morgen in der Rolle des mißtrauischen oder unsicheren Lesers von Zeugnissen wieder, die viele Deutungen zulassen.
Aus dieser schwierigen und zwiespältigen Lage versuchen viele Personalleute herauszukommen, indem sie in den Zeugnissen Formulierungen verwenden, die für den unbefangenen Leser, und das ist der Mitarbeiter häufig, recht positiv klingen. Dem ebenfalls kundigen Fachmann aber signalisieren sie, daß der Zeugnisinhaber in Wirklichkeit nur »sanfter Durchschnitt« oder sogar noch schwächer ist.
Eine solch unbefriedigende Situation müßte eigentlich alle einsichtigen Personalleute dazu veranlassen, in Zukunft Zeugnisse zu schreiben, die zwar von einem gewissen Wohlwollen getragen sind, die aber in erster Linie der Wahrheit dienen.

Die Bedeutung der Zeugnisse bei der Bewerberauswahl

Bei der Bewerberauswahl spielen die Zeugnisse häufig nicht eine solch entscheidende Rolle, wie viele Bewerber glauben. Dies hat verschiedene Gründe: Zum einen sind die Zeugnisse nur ein Teil der Bewerbungsunterlagen. Die Bewerbungsunterlagen werden aber im Regelfall in ihrer Gesamtheit ausgewertet, weil nur so ein gewisses Vor-Urteil über die Bewerber möglich ist. Zum anderen betrachten die meisten Personalfachleute die Zeugnisse mit einer gehörigen Portion Mißtrauen. Sie wissen aus Erfahrung, welche Qualitätsunterschiede es je nach Zeugnisschreiber bei Zeugnissen gibt und welch unterschiedliche Deutungen manche Formulierungen zulassen. Nicht jeder Zeugnisschreiber ist nämlich Fachmann auf diesem Gebiet. Der eine wägt jedes Wort bewußt ab und kennt die Bedeutung bestimmter, in Zeugnissen immer wieder vorkommender Formulierungen. Der andere schreibt in bester Absicht Dinge in ein Zeugnis, die der Leser dann mehr oder weniger falsch interpretiert. Häufig steht auch mehr »zwischen den Zeilen« eines Zeugnisses als in den Formulierungen selbst. Nicht selten sagen Zeugnisse deshalb mehr über den Zeugnisschreiber aus als über den beurteilten Arbeitnehmer.
Auch der durch die Rechtsprechung geförderte Brauch, Zeugnisse mit Wohlwollen zu formulieren, Negatives zu umschreiben und Wichtiges wegzulassen, macht das Lesen von Zeugnissen oft zu einem Rätsel und das richtige Deuten zu einem Glücksspiel.
So ist es durchaus zu verstehen, daß viele Personalfachleute sich mehr auf ihr persönliches Urteil und auf ihre Interviewfähigkeiten im Vorstellungsgespräch verlassen als auf die Aussagen der Bewerbungsunterlagen, insbesondere aber auf die Zuverlässigkeit der Zeugnisse. Gerade für diese kann man fast eine Regel aufstellen: Positiven Aussagen in Zeugnissen wird eher mißtraut; negative oder wichtige, aber unterlassene Aussagen hingegen werden stärker gewichtet.
Da Bewerbungsunterlagen im Regelfall nur dazu dienen, aus der Gesamtzahl der Bewerber diejenigen auszuwählen, die man zu einer persönlichen Vorstellung einladen will, tut ein Bewerber gut daran, vollständige Bewerbungsunterlagen einzusenden. Damit erfüllt er einen ersten Auftrag des künftigen Arbeitgebers, und er erhöht seine Chancen, in die »engere Wahl« zu kommen.
Wenn in Stellenanzeigen keine anderen Angaben über die geforderten Bewerbungsunterlagen gemacht werden, sind dies in der Regel:

- Bewerbungsschreiben
- Lebenslauf
- Lichtbild

- Zeugnisse (Schulabgangszeugnis, eventuell Berufsschul-, Fachschul-, Fachhochschul- oder Hochschulzeugnis, Arbeitszeugnisse, eventuell Zwischenzeugnis des letzten Arbeitgebers)
- Zertifikate, Diplome und besondere Anerkennungen (über abgelegte Prüfungen, bestandene Ausbildungs- oder Bildungsgänge oder besondere berufliche Leistungen).

Ergänzt werden können diese Unterlagen durch:
- Beruflichen Werdegang (wenn dieser nicht bereits im Lebenslauf enthalten ist)
- Arbeitsplatz-, Stellen- oder Aufgabenbeschreibungen (als Nachweis über die zuletzt innegehabte Position)
- Arbeitsproben (nur in bestimmten Berufen)
- Referenzen (nur in Ausnahmefällen).

Auf Grund der Bewerbungsunterlagen teilt der Stellenanbieter die Bewerbungen im Regelfall in die drei Gruppen: geeignet – weniger geeignet – ungeeignet ein. Die ungeeigneten Bewerber erhalten häufig ihre Unterlagen bald mit einem mehr oder weniger unverbindlichen Anschreiben zurück. Die Unterlagen der weniger geeigneten Kandidaten werden eventuell noch eine gewisse Zeit als »Reserve« zurückbehalten. Die eigentliche Auswahl wird dann unter den geeigneten Kandidaten getroffen. Diese werden manchmal noch weiter in eine »engere« und in eine »engste Wahl« aufgeteilt. Ob schließlich zwei, drei, acht oder zehn Kandidaten zu einem Vorstellungsgespräch eingeladen werden, hängt von der Qualifikation der Bewerber und von der Bedeutung der Position ab. Im Vorstellungsgespräch entscheidet letztlich der persönliche Eindruck der einzelnen Kandidaten, wer das Rennen um den begehrten Platz macht.
Im Vorstellungsgespräch werden erfahrene Gesprächspartner die Angaben im Bewerbungsschreiben, im Lebenslauf und im beruflichen Werdegang und vielleicht auch in den Arbeitszeugnissen hinterfragen. Dies geschieht vor allem dann, wenn
- im Lebenslauf ungeklärte »Lücken« auftreten,
- in den Arbeitszeugnissen Formulierungen stehen, die unterschiedliche Deutungen zulassen,
- in den Arbeitszeugnissen wichtige Aussagen fehlen,
- zwischen den Angaben des Bewerbers (im Bewerbungsschreiben oder im Gespräch) und den Aussagen der Arbeitszeugnisse Abweichungen erkennbar sind.

Wer damit rechnen muß, daß seine Arbeitszeugnisse Anlaß zu tieferschürfenden Fragen bieten, sollte sich gerade auf diesen Teil des Vorstellungsgesprächs besonders gut vorbereiten und plausible Erklärungen liefern können.

Die äußere Form des Zeugnisses

Da ein Arbeitszeugnis in erster Linie dazu dient, den Arbeitnehmer bei Bewerbungen um eine neue Stelle zu unterstützen, sollte es schon äußerlich auf diese Zielsetzung hin ausgerichtet sein: Es muß sauber, ordentlich und vor allem lesbar sein. Als Grundsatz für die äußere Form eines Zeugnisses kann gelten, daß es dem Ansehen der Firma oder des Arbeitgebers sowie der Achtung vor dem Mitarbeiter entsprechen sollte.
Ein ordentliches Zeugnis ist zugleich eine »Visitenkarte« des Ausstellers, die im Laufe eines Berufslebens oft einer großen Zahl von Stellenanbietern im Rahmen von Bewerbungen vorgelegt wird. Deshalb lohnt es auch für den Zeugnisaussteller, einige Zeit und Sorgfalt in ein Zeugnis zu investieren.
Das saubere Aussehen erhält das Zeugnis einmal vom guten Papier her. Manche großen Firmen verwenden deshalb für qualifizierte Zeugnisse besonders gestaltete Briefbogen mit Firmenbriefkopf und dem Zusatz »Zeugnis« und für einfache Zeugnisse spezielle Vordrucke. Für Zeugnisse genügt aber durchaus der normale Firmenbriefbogen.
Zum sauberen und ordentlichen Aussehen gehören auch das Schriftbild und die Raumaufteilung des Textes. Deshalb empfiehlt es sich, auch beim Zeugnisschreiben die DIN-Schreibregeln zu beachten.
Arbeitszeugnisse werden im allgemeinen mit der Schreibmaschine geschrieben. Damit ist die Lesbarkeit sichergestellt. Wird in Ausnahmefällen ein Zeugnis einmal mit der Hand geschrieben (zum Beispiel könnte der direkte Vorgesetzte einem besonders qualifizierten Mitarbeiter ein persönlich gehaltenes Zeugnis mit der Hand schreiben), dann darf auf keinen Fall ein Bleistift verwendet werden. Es dürfen nämlich keine späteren Änderungen durch Radieren möglich sein. Grundsätzlich sollte auch der Aussteller in Zeugnissen alle Arten von Korrekturen vermeiden, um den Verdacht späterer Korrekturen durch den Inhaber des Zeugnisses auszuschließen.
Soll ein Zeugnis wegen Schreibfehlern oder wegen inhaltlicher Fehler berichtigt werden, dann schreibt man es am besten neu. Wird das Zeugnis jedoch ausnahmsweise im Text verbessert, dann sollte in einem Zusatz darauf hingewiesen werden, daß eine Änderung vorgenommen wurde.
Das Zeugnis muß eine Ortsangabe und ein Datum enthalten. Als Datum gilt der Tag der Ausstellung des Zeugnisses und nicht der letzte Tag des Arbeitsverhältnisses. In der Praxis wird ein Zeugnis zwar oft schon einige Zeit früher geschrieben. Da es aber am letzten Arbeitstag mit den sonstigen Unterlagen dem Arbeitnehmer ausgehändigt wird, enthält es den Austrittstag als Datum. Verlangt ein Arbeitnehmer erst nach Beendigung des Arbeitsverhältnisses ein Arbeitszeugnis, darf dieses nicht rückdatiert werden. Anderenfalls machte sich der Arbeitgeber der Ausstellung einer falschen Urkunde schuldig.

Zeugnisse müssen eigenhändig unterschrieben werden. Grundsätzlich ist der Arbeitgeber zur Unterschrift verpflichtet. In größeren Unternehmen kann der Arbeitgeber andere Führungskräfte mit dem Unterschreiben der Zeugnisse beauftragen, zum Beispiel den Personalchef, Direktoren und Prokuristen oder die Leiter der einzelnen Personalabteilungen. Auf jeden Fall sollten Zeugnisse von ranghöheren Führungskräften unterschrieben werden. Unzulässig ist die Beurteilung und die Zeugnisunterschrift durch Gleichgestellte oder Unterstellte. Hier läge sonst der Verdacht nahe, daß der Zeugnisempfänger nicht besonders qualifiziert ist oder sich keiner großen Wertschätzung seines ehemaligen Arbeitgebers erfreut hat. Es kann aber auch schon als Herabsetzung des Arbeitnehmers gelten, wenn sein Arbeitszeugnis nicht von den üblicherweise unterschreibenden Führungskräften unterschrieben wurde, sondern nur von einer gleichrangigen Führungskraft.
War ein leitender Angestellter der Geschäftsleitung direkt unterstellt, muß das Arbeitszeugnis von einem Mitglied der Geschäftsleitung unterschrieben werden.
Ein Zeugnis darf keine Merkmale enthalten, die den Arbeitnehmer in einer aus dem Wortlaut nicht erkennbaren Weise kennzeichnen oder die zu Mißdeutungen Anlaß geben könnten (§ 113 Abs. 3 GewO). So sind zum Beispiel keine Ausrufungszeichen im Text gestattet. Die Schreibweise »Sie war immer zuverlässig!« könnte nämlich sowohl besondere Zuverlässigkeit, eher aber nur bedingte Zuverlässigkeit signalisieren.
Häkchen oder Geheimzeichen, zum Beispiel neben der Unterschrift, sind ebenfalls verboten. Dadurch soll verhindert werden, daß der alte Arbeitgeber einem künftigen Arbeitgeber Hinweise, zum Beispiel auf die Gewerkschaftszugehörigkeit oder die politische Einstellung des Arbeitnehmers gibt. Zu dieser Art von Geheimcode könnte auch eine ungewöhnliche Zeichensetzung oder eine von der üblichen Praxis abweichende Groß- oder Kleinschreibung gehören. Allerdings dürfte die überwiegende Mehrzahl solcher ungewöhnlicher Schreibweisen schlicht auf Schreibfehlern und ungenügenden Sprachkenntnissen beruhen.
Ganz abgesehen von der rechtlichen und der moralischen Seite ist der Versuch, Zeugnisse zu »verschlüsseln«, von der tatsächlichen Wirkung her mehr als fragwürdig. Sind solche Kennzeichnungen nämlich auch den Empfängern – und damit auch einem Teil der Arbeitnehmer – bekannt, dann verlieren sie ihre Wirkung als Geheimcode. Sind sie hingegen weitgehend unbekannt, dann können die Empfänger nichts mit ihnen anfangen. Die Wirkung als Signal oder als Warnung verpufft. Aus diesen Gründen sind Zeugnisse mit solchen Gehimcodes auch äußerst selten.
Enthält jedoch ein Arbeitszeugnis einmal irgendwelche ungewöhnlichen Kennzeichen, sollte ein Arbeitnehmer dieses sofort zurückweisen und auf Ausstellung eines neuen, einwandfreien Zeugnisses bestehen.

Die verschiedenen Arten von Zeugnissen

Wir unterscheiden nach dem Zeugnisinhalt und damit auch nach der Ausführlichkeit und der Aussagefähigkeit »einfache« und »qualifizierte« Arbeitszeugnisse. Beide werden dem Mitarbeiter bei Beendigung seines Arbeitsverhältnisses ausgehändigt. Während eines noch ungekündigten Arbeitsverhältnisses kann ein Mitarbeiter unter bestimmten Voraussetzungen auch ein Zwischenzeugnis verlangen. Dieses entspricht im wesentlichen einem qualifizierten Zeugnis.

Für Förderungsmaßnahmen kann das zuständige Arbeitsamt nach § 133 des Arbeitsförderungsgesetzes eine Arbeitsbescheinigung verlangen. Sie ist vom Arbeitgeber auf einem amtlichen Vordruck zu erstellen und enthält Angaben über die Art der Tätigkeit sowie über Beginn, Ende und den Lösungsgrund des Arbeitsverhältnisses. Inhaltlich muß die Arbeitsbescheinigung mit dem Arbeitszeugnis übereinstimmen, weil für beide in gleicher Weise die Wahrheitspflicht gilt.

Grundsätzlich hat ein Arbeitnehmer gegenüber seinem Arbeitgeber bei Beendigung des Arbeitsverhältnisses einen Anspruch auf ein einfaches Arbeitszeugnis. Auf sein Verlangen hin muß dieses zu einem qualifizierten Zeugnis erweitert werden. Manche Firmen stellen auch unaufgefordert ein qualifiziertes Zeugnis aus, es sei denn, der Arbeitnehmer wünscht ausdrücklich nur ein einfaches Zeugnis.

Das »einfache« Zeugnis

Das einfache Zeugnis enthält nur Angaben über die Person des Arbeitnehmers sowie über die Art und die Dauer der Beschäftigung. Es dient somit hauptsächlich als Arbeits- oder Tätigkeitsnachweis bei der Stellensuche.

Wenn ein Arbeitnehmer nur ein einfaches Zeugnis fordert, darf im Arbeitszeugnis keine Beurteilung vorgenommen werden. So kann ein Mitarbeiter ein einfaches Zeugnis verlangen, wenn er befürchten muß, daß eine Beurteilung seiner Fähigkeiten und Leistungen oder seines Verhaltens ungünstig ausfallen würde. Hat ein Arbeitnehmer jedoch bereits wunschgemäß ein qualifiziertes Zeugnis erhalten und gefällt ihm dieses nicht, so hat er keinen Anspruch mehr auf ein einfaches Zeugnis. Er kann nur durch Verhandeln mit dem Arbeitgeber versuchen, ein günstigeres Zeugnis zu bekommen.

Wer unsicher ist, wie sein Zeugnis ausfallen wird, sollte lieber versuchen, sich vorher in einem Gespräch mit dem Arbeitgeber Klarheit über den Inhalt seines Zeugnisses zu verschaffen. Vielleicht gelingt es ihm auch, einen Zeugnisentwurf zur Stellungnahme vorgelegt zu bekommen. Dann hat er noch die Chan-

ce, Änderungswünsche anzubringen und ungünstigstenfalls auf ein qualifiziertes Zeugnis zu verzichten und sich mit einem einfachen Zeugnis zufriedenzugeben.
In manchen Wirtschaftszweigen ist es üblich, vor allem auf dem gewerblichen Sektor, und hier wiederum für Mitarbeiter mit unqualifizierten oder wenig qualifizierten Tätigkeiten, nur einfache Zeugnisse auszustellen. Qualifizierte Zeugnisse werden oft weder vom Arbeitnehmer selbst noch von einem künftigen Arbeitgeber verlangt. Hier begnügen sich alle Beteiligten mit einem einfachen Zeugnis.
Ein einfaches Zeugnis wird häufig auch dann ausgestellt, wenn das Arbeitsverhältnis bereits nach sehr kurzer Zeit, zum Beispiel innerhalb der Probezeit, endet. In solchen Fällen reichen meist die Erfahrungen des Arbeitgebers mit dem Mitarbeiter für eine qualifizierte Beurteilung gar nicht aus.

Der Inhalt des einfachen Zeugnisses:
- Vorname und Familienname, bei verheirateten oder geschiedenen Frauen auch der Mädchenname.
- Geburtsdatum und Geburtsort, um Verwechslungen mit gleichnamigen Personen zu vermeiden.
- akademische und öffentlich-rechtliche Titel (dagegen keine betrieblichen Titel wie Direktor oder Oberingenieur; die Anführung solcher betrieblicher Titel ist zwar nicht verboten, sie ist aber auch nicht sinnvoll, weil diese außerhalb des Betriebes keine Bedeutung haben).
- Angaben über Art und Dauer des Beschäftigungsverhältnisses.

Dem Namen des Zeugnisinhabers muß der Zusatz »Herr« oder »Frau« oder, wenn eine Arbeitnehmerin dies verlangt, auch der Zusatz »Fräulein« vorangesetzt werden.
Die Art der Beschäftigung muß möglichst genau beschrieben werden. Der Leser eines Zeugnisses, der den früheren Betrieb und die dort anfallenden Tätigkeiten nicht kennen kann, soll sich aus den Angaben über den bisherigen Tätigkeitsbereich ein eindeutiges Bild machen können. Deshalb genügen Berufsbezeichnungen wie Angestellter, Hilfsarbeiter, Arbeiter oder Kontoristin nicht. Auch Begriffe wie Schlosser, Facharbeiter oder Personalsachbearbeiter reichen zur Darstellung der Tätigkeit nicht aus.
Bei einem Hilfsarbeiter mag die Tätigkeitsbezeichnung Bauhilfsarbeiter gerade noch ausreichen, bei einem Facharbeiter aber ist schon die Fachrichtung und die Abteilung anzugeben, zum Beispiel Chemiefacharbeiter in der Alizarinfarbenabteilung. Ein Schlosser könnte als Schlosser in der Reparaturwerkstatt oder als Schlosser in der Fertigung von Elektrogroßmotoren genauer gekennzeichnet werden.
Angestelltentätigkeiten müssen noch weiter differenziert werden. So ist bei einer Kontoristin anzugeben, welche Haupttätigkeiten sie verrichtete, zum

Beispiel, daß sie die Reisekosten- und Spesenabrechnungen der Außendienstmitarbeiter prüfte und die Post des Gruppenleiters nach Banddiktat schrieb. Einer Stenotypistin könnte man im Zeugnis bestätigen, daß sie Briefe nicht nur nach Diktat, sondern zum Teil auch nach Stichworten oder sogar selbständig schrieb und Konten und Karteien führte. Über einen Personalsachbearbeiter müßte ausgesagt werden, ob er selbständig Mitarbeiter auswählte und einstellte, Löhne und Gehälter abrechnete oder allgemeine Personalbetreuungsaufgaben wahrnahm.
Je qualifizierter die Tätigkeiten sind, desto genauer und ausführlicher sind die Tätigkeiten zu beschreiben. Bei einem Direktionsassistenten sind sowohl die allgemeinen Aufgaben wie Sichten, Verteilen und teilweises Beantworten der Geschäftsleitungspost oder Vorbereiten von Entscheidungen zu erwähnen als auch Sonderaufgaben wie Anfertigen von Berichten oder von Marktuntersuchungen. Bei einem Konstrukteur ist die Art der Konstruktionsaufgaben zu beschreiben, zum Beispiel: »In unserer Entwicklungsabteilung für Präzisionswerkzeuge war er maßgeblich an der Entwicklung von Differentialgetrieben für Spindelbohrmaschinen beteiligt.«
War der Mitarbeiter in leitender Stellung tätig, so muß im einzelnen aufgeführt werden, wo er in der betrieblichen Hierarchie eingestuft war und welche Abteilung er leitete, wieviele Mitarbeiter er führte, welche Vollmachten er hatte, was sein wesentliches Arbeitsgebiet war und welche Aufgaben er hatte. Dabei sind nicht alle Aufgaben aufzuzählen, sondern es genügt, die typischen Merkmale seiner Aufgaben und Arbeiten zu erwähnen.
Bei wechselnden Tätigkeiten braucht nicht jede einzelne Tätigkeit aufgezählt zu werden. Hier genügt es, die Haupttätigkeiten nach Art und Dauer zu nennen oder die Schwerpunkte der Tätigkeiten darzustellen. So kann zum Beispiel einem Mitarbeiter bestätigt werden, daß er zunächst als Schreiner in der Stuhlfertigung, dann als Lagerarbeiter und schließlich als Möbelverkäufer tätig war.
Über verschiedene Tätigkeiten eines Arbeitnehmers ist ein einziges Zeugnis zu erstellen. Dies gilt selbst dann, wenn beim Wechsel eines Tätigkeitsgebiets über die erste Tätigkeit bereits ein Zwischenzeugnis ausgestellt wurde.
Die Dauer der Beschäftigung und einzelner wichtiger Tätigkeiten sind mit genauen Daten und nicht nur nach dem Zeitraum festzulegen. Es sind das Eintritts- und das Austrittsdatum anzugeben, weil sich hieraus zum Beispiel Rückschlüsse auf die Art des Ausscheidens ziehen lassen. Die Angabe: »Herr A... war zwei Jahre bei uns beschäftigt«, genügt nicht.
Als Dauer der Beschäftigung gilt die rechtliche Dauer des Beschäftigungsverhältnisses. Das bedeutet, daß auch Krankheitszeiten, Sonderurlaub oder die Teilnahme an Wehrübungen mitgerechnet werden, selbst wenn die Fehlzeiten lang waren.
Aus der Art und Dauer der Beschäftigung und der einzelnen Tätigkeiten kann

der künftige Arbeitgeber bereits gewisse Schlüsse auf die Eignung eines Bewerbers ziehen. Wenn aus dem Wechsel der Tätigkeiten ein gewisser Aufstieg und eine Höherqualifikation abzulesen ist, wird er dies anders bewerten als einen unsystematischen Wechsel von einer Tätigkeit zur anderen. Ein längeres Verweilen bei einem Arbeitgeber wird im allgemeinen positiver vermerkt als ein häufiger Wechsel, der vielleicht einen »Wandervogel« erkennen läßt. Mehrfacher Arbeitsplatzwechsel am Beginn des Berufslebens kann aber auch als Ausdruck von Initiative und von Interesse an einem beruflichen Aufstieg angesehen werden, vorausgesetzt, aus dem beruflichen Werdegang läßt sich eine ständige Verbesserung ablesen.

Muster von einfachen Zeugnissen

Einfache Zeugnisse fallen in der Regel recht kurz aus. Der Text liegt oft noch unter einer halben Schreibmaschinenseite. Deshalb werden diese Zeugnisse häufig auch nur auf Halbbriefbogen (DIN A 5 quer) geschrieben. Ein solch kleines Blatt verstärkt allerdings noch den Eindruck, daß es sich bei diesem Mitarbeiter nicht »gelohnt« hat, ein qualifiziertes Zeugnis zu schreiben. Der Zeugnisaussteller sollte sich deshalb bemühen, auch vom Äußeren her ein einfaches Zeugnis so zu gestalten, daß es für den ausscheidenden Mitarbeiter und für seine Firma eine gewisse Werbewirkung hat. Dazu gehört auch ein gut gegliederter Text auf einem normalen Briefbogen (DIN A 4). Dies gilt auch für Zeugnisvordrucke, in die nur noch die individuellen Daten und die Tätigkeitsbeschreibungen der ausscheidenden Mitarbeiter eingesetzt werden.

Einfaches Zeugnis für einen gewerblichen Arbeitnehmer

Recklinghausen, 31.03.19..

Herr Walter Brinkmann, geboren am 22.03.19.. in Dillingen, war vom 01.04.19.. bis zum 31.03.19.. als Staplerfahrer in unserem Hochregallager beschäftigt.

Stahlbau GmbH
ppa. Schneider

Hatte dieser Mitarbeiter ungewöhnlich lange oder häufige Fehlzeiten, dann kann man dies dadurch ausdrücken, daß man anstelle der Formulierung »Herr Brinkmann war vom 1.4.19.. bis zum 31.3.19.. ... beschäftigt« schreibt:
»Herr Brinkmann, ... war als Staplerfahrer in unserem Hochregallager eingesetzt. Das Arbeitsverhältnis dauerte vom 1. 4. 19.. bis zum 31. 3. 19.. .«

Einfaches Zeugnis für einen kaufmännischen Angestellten

Darmstadt, 30.06.19..

Fräulein Renate Kurz, geboren am 17.08.19.. in Darmstadt, war vom 1.12.1978 bis zum 30.06.19.. in unserer Bettenabteilung als Verkäuferin tätig.
Fräulein Kurz verläßt uns auf eigenen Wunsch.

Einrichtungshaus Brauer
W. Brauer i.V. P. Klein

Die beiden Beispiele erfüllen formal und inhaltlich die Anforderungen, die an einfache Zeugnisse gestellt werden. In ihrer Kürze und geringen Aussagefähigkeit sind sie jedoch kaum noch zu unterbieten. Sie dienen den Arbeitnehmern lediglich als Nachweis, in dem angegebenen Zeitraum beschäftigt gewesen zu sein, und erwähnen gerade noch die Art der Tätigkeit und die beschäftigende Firma. Über Fräulein Kurz erfährt der Zeugnisleser zusätzlich nur, daß sie das Beschäftigungsverhältnis selbst gekündigt hat.
Es läßt sich kaum vermeiden, daß der Leser solch kurzer einfacher Zeugnisse sich seinen Teil denkt. Da diese Zeugnisse keinerlei positive Aussagen enthalten, wird er vermutlich folgern, daß hier nichts Günstiges zu erwähnen war oder daß Negatives verschwiegen werden sollte.
Ein einfaches Zeugnis bekommt schon dadurch mehr Gesicht und Aussagekraft, daß die Tätigkeiten ausführlich und vor allem aussagefähig beschrieben werden. Hat der Mitarbeiter immer dieselbe Tätigkeit ausgeübt, kann die Beschreibung zum Beispiel so aussehen:
»Herr Kolbe hat in unserer Exportabteilung Textilmaschinen alle Verwaltungsarbeiten durchgeführt. Hierzu gehören insbesondere die Bearbeitung der Bestellungen vom Bestelleingang bis zur Fertigstellung der Versandpa-

piere, die Terminüberwachung, das Führen der Kundenkartei, die zollrechtliche Bearbeitung unserer Lieferungen und die gesamte Korrespondenz.«
Hat der Mitarbeiter im Laufe seiner Betriebszugehörigkeit in mehreren Abteilungen gearbeitet oder verschiedenartige Tätigkeiten ausgeübt, sollte dies auch in der zeitlichen Reihenfolge erwähnt werden:
»Frau Kluge begann als Stenokontoristin in unserem zentralen Schreibbüro. Hier schrieb sie allgemeine Kundenkorrespondenz nach Stenogramm, Telefon- und Banddiktat. Nach einem Jahr übernahmen wir sie als Zweitsekretärin in unsere Verkaufsleitung Inland. Sie erledigte alle Sekretariatsarbeiten. Nach weiteren zwei Jahren versetzten wir Frau Kunz in unsere zentrale Textverarbeitung. Dort bediente sie zunächst Korrespondenzautomaten, bearbeitete dann die Kundenbriefe anhand eines Texthandbuches und übernahm schließlich die Pflege des Texthandbuchs.«
In dieser Aufzählung sind die einzelnen Abteilungen oder Stationen jeweils mit den dort ausgeführten Tätigkeiten verbunden. Dies ist vor allem sinnvoll, wenn die Tätigkeiten in den Stationen wechselten.
Die einzelnen Zeiträume der Tätigkeiten müssen in der Addition die Gesamtdauer der Betriebszugehörigkeit ergeben. Es hätten auch die Anfangs- und Enddaten der Tätigkeiten angegeben werden können. Auf jeden Fall aber muß das Eintritts- und das Austrittsdatum exakt angegeben werden.
Angaben über den Grund der Beendigung des Arbeitsverhältnisses müssen nicht unbedingt in das Zeugnis aufgenommen werden. Gerade in einfachen Zeugnissen fehlen sie manchmal. Das kann Zufall, es kann aber auch Absicht sein. Liegt nämlich eine Kündigung des Arbeitgebers vor oder hat der Arbeitgeber dem Mitarbeiter nahegelegt, selbst zu kündigen, dann entspringt dieses Unterlassen vielleicht noch einem gewissen Wohlwollen des Arbeitgebers. Durch eine Angabe des Kündigungsgrundes erhielte das Zeugnis nämlich eine negative Aussage.
Kündigt der Arbeitnehmer, dann empfiehlt es sich, den Beendigungsgrund auch in einem einfachen Zeugnis anzugeben. Die Angabe »Fräulein Kurz verläßt uns auf eigenen Wunsch« gibt allerdings noch keinen Kündigungsgrund an, sondern sagt nur, wer wem gekündigt hat. Ein Kündigungsgrund wäre zum Beispiel: »Fräulein Kurz verläßt uns auf eigenen Wunsch, weil sie heiraten und sich dann ihrer Familie widmen will.«
Eine nette Geste und im Grunde ein Akt einfacher Höflichkeit ist es, auch am Schluß eines einfachen Zeugnisses einen Dank und gute Wünsche für die Zukunft auszusprechen. Fehlen solche Schlußformulierungen, schließt mancher Leser auf ein gestörtes Verhältnis zwischen Arbeitgeber und Arbeitnehmer. Deshalb sollte ein Arbeitgeber, wenn er auch nur halbwegs mit dem Mitarbeiter zufrieden war, eine freundliche Schlußformel schreiben:
»Ich danke Herrn B... für seine gute Mitarbeit und wünsche ihm für die Zukunft alles Gute.«

Ausführliches einfaches Zeugnis für einen technischen Zeichner

Reutlingen, 23.12.19..

Herr Hans-Peter Flock, geboren am 27.01.19.. in Naumburg/Saale, war vom 01.07.19.. bis zum 31.12.19.. in unserem Unternehmen tätig.
Herr Flock arbeitete bis zum 31.05.19.. als Teilezeichner in unserer Fertigungsvorbereitung. Hier zeichnete er überwiegend Werkzeugteile für unsere Fräs- und Bohrmaschinen. Während dieser Zeit besuchte er die Techniker-Abendschule, die er mit der bestandenen Technikerprüfung verließ.
Wegen seiner im Abendstudium erworbenen Kenntnisse und Fähigkeiten übernahmen wir Herrn Flock am 01.06.19.. in unsere Entwicklungsabteilung. Hier war er maßgeblich an der Entwicklung einer rechnergesteuerten Spindelbohrmaschine beteiligt.
In unserer Entwicklungsabteilung arbeitete sich Herr Flock zum Gruppen- und zum Teamleiter hoch. Ausserdem erteilte er unseren technischen Auszubildenden den technischen Betriebsunterricht.
Herr Flock hat sein Arbeitsverhältnis zum 31.12.19.. gekündigt, weil er in einem Vollzeitstudium an einer Fachhochschule Maschinenbau studieren will.
Wir danken Herrn Flock für seine eifrige und erfolgreiche Mitarbeit in unserem Unternehmen und wünschen ihm für seine Zukunft, insbesondere für sein Studium, alles Gute.

Werkzeugmaschinen AG
ppa. Wuttke i.V. Groß

In diesem Zeugnisbeispiel fehlt eigentlich nur noch eine Beurteilung der Leistungen und des Verhaltens. Dann wäre es ein qualifiziertes Zeugnis geworden. Wenn nach so langer Zusammenarbeit und bei offensichtlich vorhandener Qualifikation eines Mitarbeiters im Zeugnis keine Aussagen über die Leistungen und das Verhalten gemacht werden, liegen auf diesem Gebiet offenbar Probleme vor. Jedenfalls wird sich ein kritischer Zeugnisleser hier seine Gedanken machen und Vermutungen über die Art und die Ursachen der fehlenden Beurteilung anstellen.

Einfaches Zeugnis für einen gewerblichen Arbeitnehmer

Bochum, 28. November 19..

Herr Georg Grüner, geboren am 21. November 19.. in Leverkusen, war als Hilfsarbeiter vom 15. Februar 19.. bis zum 30. November 19.. in unserem Gießereibetrieb tätig. Er war mit dem Säubern von Gußteilen und Gießformen beschäftigt.

Herr Grüner verläßt unser Unternehmen auf eigenen Wunsch.

Wir wünschen ihm für die Zukunft alles Gute.

Gußstahlwerke Schmidt GmbH
i.V. Schnurz i.A. Pfennig

Dies ist ein typisches einfaches Zeugnis für einen unqualifizierten gewerblichen Arbeitnehmer. Es enthält außer den Angaben zur Person nur eine knappe Beschreibung der Funktion und der Tätigkeiten.
Die Angabe des Kündigungsgrundes und die Schlußformel mit den guten Wünschen hätten unterbleiben können.
Da der Mitarbeiter selbst gekündigt hat, ist dieser Hinweis im Zeugnis fair. Wenn keine Kündigungsgründe angegeben sind, kann der Zeugnisleser vermuten, daß dem Mitarbeiter gekündigt wurde. Hieraus kann er dann für den Zeugnisinhaber ungünstige Schlüsse ziehen.
Ein wenig Freundlichkeit oder Höflichkeit, in diesem Falle ausgedrückt durch

die Schlußformel, kann auch einem einfachen Zeugnis keinesfalls schaden. Ein Zeugnis von dieser Kürze, das nur einen Tätigkeitsnachweis enthält, könnte auch auf einem Vordruck erstellt werden. Große Unternehmen mit entsprechend hohem Personalwechsel tun dies auch häufig.

Einfaches Zeugnis für eine technische Zeichnerin

Stuttgart, 11. Januar 19..

Fräulein Brigitte Honig, geboren am 23. Dezember 19.. in Hildesheim, war vom 01. August 19.. bis zum 11. Januar 19.. in unserem Unternehmen tätig.
Während dieser Zeit arbeitete Fräulein Honig ein Jahr in unserem technischen Büro in Sindelfingen und anschließend in unserer Hauptverwaltung in Stuttgart als technische Zeichnerin.
Fräulein Honig hatte die Aufgabe, auf Grund von Veränderungen in unserem Versorgungsnetz, insbesondere für Neubaugebiete Leitungspläne nach Katasterunterlagen, Verlegungs- und Montageskizzen anzufertigen.

Elektrizitätsversorgungs-AG
i.V. Merklein   i.A. Bürkle

Dieses einfache Zeugnis entspricht den Mindestanforderungen, die man an ein solches Zeugnis stellen muß: Die Personalien sind genau angegeben, und die Tätigkeit ist noch so weit beschrieben, daß sich der Zeugnisleser ein ungefähres Bild machen kann.
Allerdings mag sich mancher Leser dieses Zeugnisses fragen, warum Fräulein Honig nicht auf einem aussagefähigeren qualifizierten Zeugnis bestanden hat.
Am Anfang des Kapitels »Das einfache Zeugnis« ist bereits dargelegt, welche Angaben über den Mitarbeiter und über die Art und Dauer seiner Beschäftigung in einem Arbeitszeugnis enthalten sein und wie sie dargestellt werden sollten. Die größte Schwierigkeit bei diesem Teil des Zeugnisses dürfte darin bestehen, bei lange im Unternehmen beschäftigten Mitarbeitern nach vielen Jahren noch alle Tätigkeiten und Stationen lückenlos und in der richtigen

Reihenfolge zusammenzutragen. Hier leisten eine vollständige Personalakte mit Notizen über alle Versetzungen sowie Stellenbeschreibungen wertvolle Dienste. Ideal wären Zwischenzeugnisse, die bei jedem Wechsel ausgestellt wurden. Fehlen solche Unterlagen, kann sicher der Mitarbeiter selbst helfen und die notwendigen Daten und Fakten beisteuern. Vielleicht erinnern sich auch ehemalige Vorgesetzte oder Kollegen noch gut an die einzelnen Stufen der betrieblichen Laufbahn des Zeugnisempfängers.

Das »qualifizierte« Zeugnis

In den letzten Jahren ging die Entwicklung dahin, daß ausscheidende Mitarbeiter immer häufiger qualifizierte Zeugnisse verlangten und auch erhielten und daß auch die Arbeitgeber unaufgefordert häufiger qualifizierte Zeugnisse ausstellten. Damit einher ging aber auch eine wachsende Unzufriedenheit der Arbeitnehmer und der Arbeitgeber mit qualifizierten Zeugnissen. Manche Seiten, insbesondere Gewerkschaftsvertreter, verlangen sogar die Abschaffung der qualifizierten Zeugnisse und fordern lediglich Arbeitsbescheinigungen in Form von einfachen Zeugnissen.
Qualifizierte Zeugnisse sind im Grunde einfache Zeugnisse, die um eine Beurteilung oder Bewertung des Arbeitnehmers erweitert werden. Mit dieser Beurteilung oder Bewertung beginnt aber die Problematik eines qualifizierten Zeugnisses. Die Angaben eines einfachen Zeugnisses (Personalien des Mitarbeiters, Art und Dauer der Tätigkeit) sind einfach zu ermitteln, problemlos zu formulieren und können auch jederzeit nachgeprüft werden. Sie enthalten nur objektive Tatbestände und haben daher dokumentarischen Charakter. Mit der Beurteilung und Bewertung aber kommen subjektive Momente ins Spiel: die Sicht des Arbeitgebers von Leistung und Verhalten seines Mitarbeiters und die Selbsteinschätzung des Mitarbeiters. Aus dieser unterschiedlichen Sichtweise können bereits erhebliche Spannungen und Meinungsverschiedenheiten entstehen. Häufig ist dann das qualifizierte Zeugnis ein Kompromiß aus den verschiedenartigen Ansichten. Nicht selten geht der Zeugnisschreiber aber auch möglichen Auseinandersetzungen aus dem Wege und formuliert – manchmal wider besseres Wissen und Gewissen – das Zeugnis gleich so, daß es der Mitarbeiter akzeptiert.
Zu einer solchen wohlwollenden Formulierweise trägt auch die Rechtsprechung der Arbeitsgerichte wesentlich bei. Zeugnisse sollen von verständigem Wohlwollen für den Arbeitnehmer getragen sein und ihm sein weiteres Fortkommen nicht erschweren. Allerdings hat dieses Wohlwollen dort seine Grenzen, wo das Interesse eines künftigen Arbeitgebers an der Richtigkeit und Zuverlässigkeit der Aussagen des Zeugnisses beginnt und wo möglicherweise Schadensersatzansprüche wegen wahrheitswidriger Angaben gel-

tend gemacht werden können. Aus dem Versuch, diese verschiedenartigen Interessenlagen einigermaßen auszugleichen, lassen sich sicher manche unpräzisen oder wenig aussagefähigen Zeugnisformulierungen erklären.
Die Bezeichnung »qualifiziert« bedeutet noch längst nicht, daß ein solches Zeugnis auch eine gewisse Mindestqualität aufweist. Manche qualifizierten Zeugnisse sagen mehr über die Qualifikation des Ausstellers, über seine Formulierkünste und seine sprachliche Begabung aus als über die Qualifikation des beurteilten Mitarbeiters für bestimmte Aufgaben oder Tätigkeiten. Oft muß der Leser von Zeugnissen rätseln, was der Verfasser gemeint haben könnte. Hat er zum Beispiel nur das Produkt eines wenig geübten Zeugnisschreibers vor sich oder das Zeugnis eines schwachen Kandidaten? Will der Zeugnisschreiber wirklich aussagen, was in den Zeilen steht, oder will er etwas anderes signalisieren? Soll ein Mitarbeiter »weggelobt« werden, oder wird tatsächlich bestätigt, daß der Zeugnisinhaber weit über dem Durchschnitt liegt?
Mehr Klarheit kann hier oft eine Reihe von Zeugnissen verschiedener Arbeitgeber bringen. Ergänzen oder bestätigen sich deren Aussagen, erhöht sich die Wahrscheinlichkeit einer richtigen Deutung. Sind jedoch krasse Unterschiede oder Ungereimtheiten erkennbar, ist Vorsicht geboten. Als künftiger Arbeitgeber kann man versuchen, sich im Einstellungsgespräch Klarheit über die Eignung des Bewerbers zu verschaffen. Letztlich aber zeigt erst die Praxis, ob ein neuer Mitarbeiter seinen Aufgaben gewachsen ist und ob er in die Gruppe der bereits vorhandenen Mitarbeiter paßt.

Der Inhalt des qualifizierten Zeugnisses:
- Vorname und Familienname, bei verheirateten oder geschiedenen Frauen auch der Mädchenname,
- Geburtsdatum und Geburtsort,
- akademische und öffentlich-rechtliche Titel,
- Angaben über die Dauer des Beschäftigungsverhältnisses,
- Angaben über die Art des Beschäftigungsverhältnisses (Aufgabenbeschreibung)
- Beurteilung von Leistung und Verhalten
    - Qualität (und Quantität) der Leistung
    - Angewandtes Fachwissen
    - Arbeitsbereitschaft (Motivation)
    - Zusammenarbeit
    - Führungsverhalten
- Schlußformulierung

Dieses Grundschema reicht für die Gestaltung eines qualifizierten Zeugnisses völlig aus. Im besonderen Einzelfall kann es jedoch noch ergänzt oder erweitert werden.

Muster von qualifizierten Zeugnissen

Für besonders qualifizierte Mitarbeiter empfiehlt sich die folgende Gliederung. Ein Zeugnis, das alle diese Gliederungspunkte berücksichtigt, wird allerdings sehr umfangreich. Wenn ein sehr guter Mitarbeiter nach langjähriger, erfolgreicher Mitarbeit das Unternehmen verläßt, hat er sicher ein ausführliches Zeugnis verdient, das seine Leistungen und Verdienste angemessen widerspiegelt. Mit einem solchen qualifizierten Zeugnis stattet das Unternehmen einen Teil seines Dankes gegenüber dem Mitarbeiter ab.
Erweiterte Gliederung eines qualifizierten Zeugnisses:

- Angaben über Personalien, Eintritts- und Austrittsdaten,
- Angaben über verschiedene Arbeitsplätze und Erweiterung des Aufgabengebiets im Betrieb (Laufbahn, persönliche Entwicklung), eventuell verbunden mit Begründungen,
- Beschreibung des derzeitigen/letzten Aufgabengebiets,
- Darstellung eventueller Sonderaufgaben,
- Kenntnisse und Erfahrungen des Mitarbeiters auf den ihm zugewiesenen Arbeitsplätzen,
- Leistungsbeurteilung (insbesondere Stärken, Fähigkeiten, Erfolge),
- Beurteilung der Fortbildungsinitiative,
- Beurteilung der Vertrauenswürdigkeit und Loyalität,
- Beurteilung des Sozialverhaltens gegenüber der Umwelt (Vorgesetzte, Kollegen, Mitarbeiter),
- Beurteilung der Führungsfähigkeit (falls bei der Aufgabe notwendig, eventuell auch falls gezeigt, ohne gefordert zu sein),
- Angaben über Auflösung des Arbeitsverhältnisses,
- abschließende Dankes- und Glückwunschformeln (eventuell Bedauern über Ausscheiden, Hinweis auf Wiedereinstellungsabsicht).

Wer mit Hilfe dieses Schemas ein qualifiziertes Zeugnis erstellt, kann sicher sein, keinen wesentlichen Gesichtspunkt zu vergessen. Wieweit ein solches Zeugnis aber auch vom Inhalt und der Aussage her zutreffend ist und sowohl den Interessen des Mitarbeiters als auch denen eines künftigen Arbeitgebers dient, ist eine zweite Frage. Sie wird umso besser gelöst, je gründlicher Informationen über den Mitarbeiter gesammelt und ausgewertet und je treffender diese formuliert werden.

Qualifiziertes Zeugnis für einen gewerblichen Arbeitnehmer

Offenbach, 29. Juni 19..

Herr Julius Pfromm, geboren am 08. August 19.. in Hanau, war vom 01. Januar 19.. bis zum 30. Juni 19.. als Staplerfahrer in unserem Außenlager tätig.

Herr Pfromm bediente einen Hochraumstapler. Er war überwiegend mit dem Entladen von Containern und dem Auffüllen unserer Hochregale beschäftigt.

Herr Pfromm war pünktlich und zuverlässig. Den Pflegedienst an seinem Stapler versah er einwandfrei.

Sein Verhalten gegenüber den Arbeitskollegen war kameradschaftlich und hilfsbereit.

Wir waren mit seinen Leistungen voll zufrieden.

Herr Pfromm verläßt unsere Firma zum 30. Juni 19.. auf eigenen Wunsch.

Wir wünschen ihm für die Zukunft alles Gute.

F. Klein & G. Fuchs KG
i.V. Klock i.A. Stern

Für die Art der Tätigkeit und für die Dauer der Beschäftigung ist dies ein gutes Zeugnis. Es fehlt nur eine Aussage über das Verhalten gegenüber Vorgesetzten. Vielleicht liegt hier in irgendwelchen Schwierigkeiten auch der Grund dafür, daß Herr Pfromm bereits nach einem halben Jahr durch eigene Kündigung ausscheidet. Bei einer solchen Tätigkeit dürfte jedoch das Verhältnis von Vorgesetzten und Mitarbeitern nur eine untergeordnete Rolle spielen. Insofern sollte man diesem Gesichtspunkt keine übertriebene Beachtung schenken.

Qualifiziertes Zeugnis für einen gewerblichen Arbeitnehmer

Freiburg, 28. April 19..

Herr Franz Brunner, geboren am 29. Oktober 19.. in Bruchsal, war in der Zeit vom 01. Oktober 19.. bis zum 30. April 19.. in unserer Lackiererei beschäftigt.

Seine Aufgaben hat Herr Brunner mit sehr guter Fachkenntnis, großem Fleiß und Umsicht zu unserer vollsten Zufriedenheit erledigt.

Herr Brunner galt insbesondere als selbständig arbeitender und planmäßig vorgehender Fachmann, der gegenüber allen technischen Neuerungen auf seinem Fachgebiet aufgeschlossen war.

Seine Führung und sein Verhalten gegenüber Vorgesetzten und Kollegen waren verbindlich.

Herr Brunner scheidet auf eigenen Wunsch aus unserem Unternehmen aus.

Wir wünschen ihm für die Zukunft alles Gute.

Karosseriebau Wild KG
G. Wild   i.A. Bertl

Auf den ersten Blick scheint dieses Zeugnis gut ausgefallen zu sein. Allerdings ist es recht kurz. Bei näherem Hinsehen fallen jedoch einige Ungereimtheiten auf:
Es fehlt ein Hinweis, in welcher Funktion Herr Brunner in der Lackiererei arbeitete. Er ist lediglich als »Fachmann« gekennzeichnet; er kann somit ebenso Facharbeiter wie Meister, gewerblicher Arbeitnehmer wie technischer Angestellter gewesen sein.
Im zweiten Absatz werden zwar sehr gute Urteile abgegeben (sehr gute Fachkenntnis, großer Fleiß, vollste Zufriedenheit). Es wird jedoch überhaupt nicht gesagt, welche Aufgaben Herr Brunner hatte und was er geleistet hat.
Der Hinweis auf selbständiges Arbeiten kann Lob bedeuten. Er kann aber auch im Klartext heißen, daß er sich nichts sagen ließ, selbst alles am besten wußte und daß seine Vorgesetzten deshalb Probleme mit ihm hatten.
Sehr dürftig ist die Beurteilung seines Verhaltens ausgefallen. Verbindlichkeit gegenüber Vorgesetzten und Kollegen als einziges Verhaltensmerkmal ist sehr wenig. Wieder bleibt der Spekulation ein weiter Spielraum: Gab es keine anderen erwähnenswerten Verhaltensweisen und Eigenschaften? War sein übriges Verhalten eher tadelnswert, und blieb es deshalb im Zeugnis unerwähnt? Ist die »Verbindlichkeit« auch schon eine Negativaussage? Hat Herr Brunner keine eigene Meinung, gibt er allen recht, biedert er sich überall an, und wird er sogar damit lästig?
Das ist nur ein kleiner Teil möglicher Fragen und Zweifel, die einem Leser dieses Zeugnisses kommen können. Jedenfalls liegt die Vermutung nahe, daß es hier zu irgendwelchen Unstimmigkeiten mit Vorgesetzten oder Kollegen gekommen sein könnte.
Der Kündigungsgrund »auf eigenen Wunsch« gibt zwar an, daß Herr Brunner selbst seine Kündigung eingereicht hat. Dies kann allerdings auch auf »sanften Druck« des Arbeitgebers hin geschehen sein. Jedenfalls fehlt eine plausible Begründung der Kündigung, die diesen Verdacht entkräften könnte.
Zwar hat sich in der Schlußformulierung der Arbeitgeber zu einigen guten Wünschen bequemt. Es fehlt aber ebenso ein Wort des Dankes für fast fünf Jahre Mitarbeit wie ein Wort des Bedauerns über das Ausscheiden.
Insgesamt ist deshalb dieses Zeugnis somit eher ein schwaches Zeugnis, auf das viele künftige Arbeitgeber mit berechtigtem Mißtrauen reagieren dürften.

Qualifiziertes Zeugnis für eine Stenokontoristin

Regensburg, 22. Dezember 19..

Frau Hanna Niedermeier, geb. Schlager, geboren am 10. August 19.., war vom 01. April 19.. bis zum 31. Dezember 19.. in unserer Firma als Stenokontoristin im Einkauf tätig.

Frau Niedermeier erledigte alle anfallenden Schreibarbeiten wie Lieferantenkorrespondenz, Bestellungen und Reklamationen nach kurzen Stichwortangaben, zum Teil auch völlig selbständig. Seit 01. September 19.. leistete sie zusätzlich alle Sekretariatsaufgaben für den stellvertretenden Leiter des Einkaufs und war für unsere Bürokasse zuständig.

Frau Niedermeier ist eine sehr gewandte, schnell auffassende und gewissenhafte Mitarbeiterin. Sie ist selbständiges Arbeiten gewöhnt.

Frau Niedermeier setzt sich voll für die Belange der Firma ein. Ihr Verhalten gegenüber Vorgesetzten und Mitarbeitern ist einwandfrei. Wegen ihrer ausgleichenden Art wird sie sehr geschätzt.
Ende 19.. beschlossen wir, unsere Sekretariate und dezentralen Schreibstellen zusammenzufassen und ein zentrales Schreib- und Verwaltungsbüro einzurichten.
Zu dieser Maßnahme waren wir insbesondere aus Kostengründen gezwungen.
Wir wollten diesen Versuch in Zusammenarbeit mit unseren bewährten Mitarbeiterinnen unternehmen. Frau Niedermeier konnten wir jedoch nicht für diese neue Organisationsform gewinnen.
Da wir zu keiner Einigung über einen anderweitigen

Einsatz im Unternehmen kommen konnten, kündigte uns Frau Niedermeier zum 31. Dezember 19...

Wir bedauern diese Kündigung sehr, können aber den Entschluß von Frau Niedermeier verstehen, die eine möglichst selbständige Sekretariatsaufgabe sucht. Wir verlieren in Frau Niedermeier eine sehr tüchtige, überdurchschnittliche gute Mitarbeiterin.

Wir wünschen Frau Niedermeier für ihren weiteren Berufsweg alles Gute.

Walter & Schneider KG
ppa. Strobel i.V. Krieger

Insgesamt ist dieses Zeugnis positiv. Frau Niedermeier wird als gewandte und gewissenhafte Mitarbeiterin geschildert, die aber auch eine selbständige Position anstrebt.

Daß Frau Niedermeier nicht bereit war, in ein zentrales Schreibbüro einzutreten, ist verständlich. Sie hatte sich gerade von der Stelle einer Stenokontoristin auf eine Sekretärinnenstelle hochgearbeitet. Insofern ist die Erklärung, daß sie sich nicht für die neue Organsisationform gewinnen lassen wollte, auch nicht negativ zu sehen.

Die Formulierung, daß es keine Einigung über einen anderweitigen Einsatz im Unternehmen gab, läßt auf eventuelle größere Meinungsverschiedenheiten zwischen den Vorgesetzten und Frau Niedermeier schließen. Aber auch dies kann man ihr nicht ohne weiteres anlasten. Es ist nämlich aus dem Zeugnis nicht erkennbar, ob die Firma kein geeignetes Angebot gemacht hat oder ob Frau Niedermeier nur die Angebote nicht akzeptieren wollte. Vielleicht hatte sie zu diesem Zeitpunkt auch bereits von anderer Seite ein besseres Angebot.

Da Frau Niedermeier aber im Anschluß an die Begründung des Ausscheidens noch einmal ausdrücklich gelobt wird und ihr die Firma für den weiteren beruflichen Werdegang alles Gute wünscht, überwiegt auch zum Schluß die versöhnliche Note.

Insgesamt kann ein künftiger Arbeitgeber aus diesem Zeugnis herauslesen, daß er hier eine qualifizierte und selbständige Mitarbeiterin gewinnen kann.

Qualifiziertes Zeugnis für einen gewerblichen Arbeitnehmer

Mannheim, 30. Juni 19..

Herr Wilhelm Körner, geboren am 05. März 19.. in Ludwigshafen, trat am 01. Januar 19.. in unsere Firma als Walzenfahrer ein.

Er arbeitete zunächst im Straßenbau mit einer schweren Straßenwalze.

Nach einem Jahr übergaben wir ihm eine schwere Planierraupe, mit der er überwiegend im Straßenbau, aber auch im Tiefbau eingesetzt wurde. Vor zwei Jahren schließlich übernahm er unseren neuen Bagger, Typ Mammut.

Herr Körner arbeitete sich auf allen Maschinen rasch und gut ein. Er erledigte alle Aufgaben zu unserer vollen Zufriedenheit. Er war pünktlich und fleißig und hielt seine Maschinen in gutem Zustand.

Seit März dieses Jahres blieb Herr Körner wiederholt seinem Arbeitsplatz fern, und es kam häufig zu Konflikten mit seinem Polier.

Zu unserem Bedauern mußten wir das Arbeitsverhältnis nun zum 30. Juni 19.. auflösen.

Wir wünschen und hoffen, daß Herr Körner in Kürze wieder zu der Leistungsfähigkeit kommt, die wir an ihm geschätzt haben. Unter dieser Voraussetzung wären wir auch gern bereit, Herrn Körner später wieder in unsere Firma aufzunehmen.

Tief- und Straßenbau AG
i.V. Gröber i.V. Benz

Dieses Zeugnis ist im Rahmen des Möglichen wohlwollend. Fachlich ist Herr Körner gut. Er hat auch innerhalb von fünf Jahren von Maschine zu Maschine einen gewissen »Aufstieg« erlebt.
Die Beschreibung des Verhaltens und die daraus resultierende Kündigung durch den Arbeitgeber lassen auf einen zunehmenden Alkoholismus schließen (Fehlzeiten, Konflikte mit dem Vorgesetzten).
Die guten Wünsche am Schluß des Zeugnisses und der Hinweis, Herrn Körner wieder einzustellen, wenn seine Leistungsfähigkeit wieder hergestellt sei, lassen darauf schließen, daß man mit ihm insgesamt zufrieden war. Dadurch erhöhen sich auch die Chancen, wenn sich Herr Körner bei anderen Arbeitgebern bewirbt, vorausgesetzt, er bekämpfte sein Alkoholproblem erfolgreich.

Qualifiziertes Zeugnis für einen Kraftfahrzeug-Mechaniker

Bergheim, 31. Mai 19..

Herr Walter Braun, geboren am 6. Mai 19.. in Bergheim, trat am 01. Januar 19.. als Kraftfahrzeug-Mechaniker in unseren Betrieb ein.

Herr Braun hatte alle vorkommenden Reparatur- und Wartungsarbeiten an Personenkraftwagen und Kleinlastwagen auszuführen.

Er hat sich immer bemüht, unseren Anforderungen gerecht zu werden.

Herr Braun ist ein ruhiger Mitarbeiter. Sein Verhalten gegenüber unserem Werkstattmeister und seinen Kollegen gab zu keinen Klagen Anlaß.

Da sich in den letzten Monaten die Fehltage immer mehr häuften, sahen wir uns leider gezwungen, zur Erhaltung der Arbeitsbereitschaft und der Arbeitsmoral der übrigen Mitarbeiter das Arbeitsverhältnis mit Herrn Braun fristgerecht zum 31. Mai 19.. aufzulösen.

Service-Station Bergheim
Schneider i.V. Brühl

Dies ist ein sehr negatives Zeugnis. Bereits aus der Tätigkeitsbeschreibung »hatte ... auszuführen« könnte man fragend folgern: Was hat er tatsächlich getan, und wie hat er es getan?
Noch deutlicher wird der Beurteiler bei der Leistungsbeurteilung: »Er hat sich immer bemüht, unseren Anforderungen gerecht zu werden« heißt im Klartext, daß trotz gutem Willen die Leistungen unzureichend waren. Auch im Arbeitseinsatz und im Verhältnis gegenüber dem Vorgesetzten und den Kollegen hat sich Herr Braun nicht lobenswert hervorgetan. Daß er ruhig war, ist noch die günstigste Aussage.
Der Hinweis auf die zunehmende Zahl der Fehltage läßt auf Alkoholmißbrauch, zumindest aber auf Bummelei schließen. Vielleicht hätten diese Gründe auch eine fristlose Entlassung gerechtfertigt. Man wollte aber diesem Mitarbeiter wohl wenigstens den Makel eines sofortigen Hinauswurfs ersparen.

Qualifiziertes Zeugnis für eine wegen Krankheit ausscheidende Sekretärin

Duisburg, 01. Juli 19..

Fräulein Helga Renner, geboren am 24. September 19.. in Rheinhausen, trat am 01. Januar 19.. in unser Unternehmen ein.

Sie war zunächst als Anfangssekretärin in der Verkaufsabteilung Inland eingesetzt. Am 01. April 19.. wechselte sie auf Grund ihrer überdurchschnittlichen Leistungen und ihrer guten Englisch- und Französischkenntnisse in die Verkaufsabteilung Ausland über. Dort übernahm sie das Sekretariat unseres Exportleiters.

Zu ihren Aufgaben gehörten außer den üblichen Sekretariatsarbeiten das selbständige Erledigen der verschiedenen Verwaltungsvorgänge, das Führen der Verkaufsstatistiken und das Erledigen der vertraulichen Personalangelegenheiten der Verkaufsabteilung Ausland.

Fräulein Renner hat alle Aufgaben stets so erledigt, daß wir sehr zufrieden waren. Durch ihre ruhige und ausgeglichene Wesensart trug sie zu einer harmonischen Zusammenarbeit bei. Auch in turbulenten Situationen verlor sie weder den Überblick noch ihren stillen Humor. Deshalb war sie bei ihren Kolleginnen und Kollegen sehr beliebt.

Von ihren Vorgesetzten wurde sie als besonders tüchtige und zuverlässige Mitarbeiterin geschätzt.

Die Übertragung der Personalarbeiten der Verkaufsabteilung beweist, daß wir Fräulein Renner voll vertrauen konnten.

Umso mehr müssen wir es bedauern, daß Fräulein Renner seit August 19.. an einer schweren Krankheit leidet, die es ihr unmöglich macht, in absehbarer Zeit ihren Beruf auszuüben. Wir haben lange gezögert, waren schließlich aber doch gezwungen, ihren Arbeitsplatz neu zu besetzen.
Weil sich das Ende der Krankheit nicht absehen läßt, sind wir mit Fräulein Renner übereingekommen, das Arbeitsverhältnis in beiderseitigem Einvernehmen zum 30. September 19.. zu beenden.

Wenn Fräulein Renner gesundheitlich völlig hergestellt ist, sind wir gern bereit, sie wieder einzustellen.

Wir danken Fräulein Renner für ihre langjährige, wertvolle Mitarbeit.

Geschäftsleitung und Kollegenkreis wünschen ihr eine recht baldige, vollständige Genesung.

Duisburger Eisenhandels AG
ppa. Schmitt i.V. Gründer

Der Fall von Fräulein Renner ist tragisch. Einer guten Mitarbeiterin, mit der Vorgesetzte und Mitarbeiter ausgezeichnet zusammengearbeitet haben und mit der alle sehr zufrieden waren, hat die Firma nach langem Zögern gekündigt (»Beiderseitiges Einvernehmen« bedeutet im Regelfall Kündigung durch den Arbeitgeber). Da die Mitarbeiterin bereits über ein Jahr krank war und ein Ende der Krankheit nicht abzusehen war, mußte die Firma den Arbeitsplatz schließlich anderweitig besetzen.
Es mag vielleicht wenig rücksichtsvoll klingen, daß die schwere Krankheit im Zeugnis erwähnt wurde. Schließlich geht ein solches persönliches Schicksal Außenstehende nichts an. Wäre dieser Hinweis aber unterblieben und wäre nur das Ausscheiden »im beiderseitigen Einvernehmen« erwähnt worden, könnten Zeugnisleser unter Umständen andere, eventuell nachteiligere Gründe vermuten (Kündigung durch die Firma wegen schlechter Leistungen, aus Verhaltensgründen, eventuell aus disziplinarischen Gründen, wegen Alkoholismus oder sogar wegen strafbarer Handlungen). Insofern ist das Erwähnen der Krankheit sicher das kleinere Übel.
Aus der ausführlichen Schilderung der Entwicklung von Fräulein Renner kann ein Zeugnisleser leicht die richtigen Schlüsse auf ihre Qualifikation ziehen. Die Schilderung des Verhaltens ergibt ebenfalls ein positives Bild. Insgesamt wird Fräulein Renner als eine fachlich qualifizierte und menschlich angenehme Mitarbeiterin geschildert.
Ausgesprochen positiv ist außer dem Dank der Geschäftsleitung für die lange, wertvolle Mitarbeit insbesondere der Hinweis, daß man Fräulein Renner gern wieder einstellen wird, wenn sie gesundheitlich wieder in Ordnung ist.
Ein künftiger Arbeitgeber, bei dem sich Fräulein Renner später mit diesem Zeugnis bewirbt, wird in erster Linie nachforschen müssen, ob Fräulein Renner wieder gesund ist. Dann gewinnt er sicher eine gute Mitarbeiterin.

Qualifiziertes Zeugnis für einen Industriekaufmann

Hamburg, 30. Juni 19..

Herr Manfred Sulzer, geboren am 23. Juni 19.. in Bremen, trat am 01. Juni 19.. als Industriekaufmann in unser Unternehmen ein.

Er wurde während eines zweijährigen Vorbereitungsprogramms in den verschiedenen Bereichen unserer Zentralverwaltung in Hamburg und in einigen Auslandsbüros eingeführt und mit der Arbeitsweise und den Besonderheiten unseres Unternehmens bekannt gemacht.

Schon während dieser Zeit arbeitete Herr Sulzer verschiedene Vorschläge zur Verbesserung der Arbeitsablauforganisation aus, die sofort und mit Erfolg umgesetzt werden konnten.

Am 01. Juli 19.. wurde Herr Sulzer zum verantwortlichen Leiter unserer Geschäftsstelle in Mannheim ernannt.

Herr Sulzer war dieser für ihn neuen Aufgabe voll gewachsen. Er reorganisierte die etwas veraltete Geschäftsstelle innerhalb von knapp zwei Jahren und machte sie zu einem außerordentlich erfolgreichen Instrument unserer Vertriebspolitik. Im Laufe der folgenden Jahre steigerte er den Umsatz dieser Geschäftsstelle um durchschnittlich mehr als 10 Prozent pro Jahr.

Herr Sulzer erwies sich in verantwortlicher Position als dynamischer und sehr systematisch vorgehender Fachmann. Er verstand es auch vorzüglich, tüchtige Mitarbeiter zu finden und zu einem leistungsorientierten Team zu entwickeln. Seine Initiative und die ideenreiche Geschäftsführung, verbunden mit Gerechtigkeitssinn und natürlicher Autorität, ließen in seinem Verantwortungsbereich ein ausgesprochen gutes Arbeitsklima entstehen. Das zeigt sich zum Beispiel auch am Rückgang der Fluktuation.

Am 01. Januar 19.. übertrugen wir Herrn Sulzer unsere Hauptgeschäftsstelle in München. Von hier aus betreute er die Verkaufsgebiete Süddeutschland, Österreich und die deutschsprachige Schweiz. Auch in dieser neuen Position bewährte sich Herr Sulzer als erfolgsorientierter Vertriebsmanager wie auch als mitarbeiterorientierte Führungskraft. In unserer Hauptgeschäftsstelle erzielte er wieder weit über dem Durchschnitt liegende Ergebnisse.

Wir hatten vorgesehen, Herrn Sulzer in Kürze wegen seiner Leistungen und Erfolge in unser Zentraldirektorium aufzunehmen.

Herr Sulzer kündigte jedoch seinen Anstellungsvertrag zum 31. Dezember 19...

Wir wünschen ihm für die Zukunft alles Gute.

Vereinigte Chemikalienhandel GmbH

Jennsen ppa. Reimersdorf

Auch dieses Zeugnis ist insgesamt positiv. Es schildert den Werdegang eines qualifizierten Mitarbeiters bis zum Leiter einer Hauptgeschäftsstelle, dessen weiterer Aufstieg im Unternehmen bereits vorprogrammiert war.
Seine Umsatzerfolge wie sein Führungsverhalten werden sehr gelobt. Gerade dem wichtigen Gebiet der Mitarbeiterführung wird im Zeugnis ein breiter Raum gewidmet. Auch die nächste Stufe der Karriere wird aufgezeigt.
Dann kommt ein Bruch: Herr Sulzer kündigt, – und der bisherige Arbeitgeber kann sich nur noch zu einem kurzen, unverbindlichen Glückwunsch für die Zukunft aufraffen. Es fehlen sowohl der Dank für die gute Zusammenarbeit und die ausgezeichneten Leistungen als auch ein Wort des Bedauerns wegen des Ausscheidens von Herrn Sulzer.
Es fällt auch auf, daß in diesem Zeugnis keinerlei Hinweise darauf erscheinen, wie das Verhältnis zwischen Herrn Sulzer und seinen Vorgesetzten war. Vielleicht hat es Schwierigkeiten und Spannungen gegeben. Bei einer so dynamischen und erfolgreichen Führungskraft wäre dies auch kein Wunder.
Die fehlenden Hinweise auf die Zusammenarbeit mit seinen Vorgesetzten sowie der nicht ausgesprochene Dank und das fehlende Bedauern verhindern, daß dieses Zeugnis einen rundum positiven Eindruck vermittelt. Es bleiben dem Zeugnisleser einige Fragen und Vermutungen.
Der bisherige Arbeitgeber hätte seinem bewährten Mitarbeiter – auch wenn sein Ausscheiden unprogrammgemäß erfolgte und damit für ihn einige Probleme aufwarf – und sich selbst durch einen freundlicheren Zeugnisschluß eine bessere Visitenkarte ausstellen können.

Qualifiziertes Zeugnis für eine Chefsekretärin

Hanau, 30. September 19..

Fräulein Gertrud Heinemann, geboren am 28. Dezember 19.. in Aschaffenburg, war in der Zeit vom 01. Oktober 19.. bis zum 30. September 19.. in unserem Unternehmen zunächst als Stenotypistin und später als Chefsekretärin tätig.

Während ihrer achtjährigen Tätigkeit in unserem Unternehmen hat sich Fräulein Heinemann von der Absolventin einer Handelsschule bis zur Chefsekretärin emporgearbeitet. In Kurzschrift und Maschineschreiben verfügt Fräulein Heinemann über sehr gute Fähigkeiten. Ihre Deutschkenntnisse sind ausgezeichnet. Sie beherrscht auch die englische Sprache in Wort und Schrift. Unseren Schriftverkehr erledigt sie nach Stichworten, zum großen Teil sogar völlig selbständig.

Fräulein Heinemann hat sich ein umfangreiches Fachwissen auf dem Gebiet der Textilveredelung angeeignet. Sie besitzt vor allem alle Fähigkeiten und Kenntnisse, um den Posten einer Chefsekretärin zur vollen Zufriedenheit ihrer Vorgesetzten auszufüllen.

Fräulein Heinemann wurde im Laufe der Jahre wegen ihrer raschen Auffassungsgabe und ihrer vielseitigen Interessen an allen geschäftlichen Vorfällen mit der Übernahme der Lohnabrechnung, der Kalkulation, dem Mahn- und Klagewesen und dem täglichen Schriftverkehr betraut. Ferner erledigte sie den Zahlungsverkehr mit Lieferanten und Behörden immer pünktlich und selbständig. Sie besaß das volle Vertrauen der Geschäftsleitung und unserer Mitarbeiter.

Besonders hervorheben möchten wir noch die freundliche, aber bestimmte Art, mit der Fräulein Heinemann Vorgesetzten, Mitarbeitern und Kunden gegenübertrat. Sie hat sich überall Anerkennung erworben.

Wegen eines Wohnortwechsels scheidet Fräulein Heinemann heute auf eigenen Wunsch aus unserem Unternehmen aus. Wir bedauern diesen Entschluß sehr, denn wir verlieren eine unserer besten Mitarbeiterinnen, die allen wegen ihrer Hilfsbereitschaft, ihrem persönlichen Einsatz und ihrer Zuverlässigkeit immer ein Vorbild war.

Auf ihrem weiteren Berufs- und Lebensweg wünschen wir Fräulein Heinemann alles Gute, viel Glück und Erfolg.

Textilveredelungswerk
Müller & Schmidt GmbH

Schmidt   i.V. Blume

Hier liegt ein ausgezeichnetes Zeugnis einer sehr guten Mitarbeiterin vor. Es wird genau beschrieben, wie sich Fräulein Heinemann von einer Berufsanfängerin zu einer Chefsekretärin emporgearbeitet hat. Dabei hat sie dank ihrer Vielseitigkeit weitaus mehr Aufgaben übernommen, als üblicherweise das Aufgabengebiet einer Chefsekretärin umfaßt.

Es ist sehr genau beschrieben, was Fräulein Heinemann im Laufe der Jahre getan hat und wie sie ihre Aufgaben erledigte. Bei dieser Darstellung wurden die jeweiligen Aufgaben und die hierbei gezeigten Kenntnisse und Verhaltensweisen miteinander verbunden. Dadurch erhält der Leser des Zeugnisses ein anschauliches Bild vom Leistungsvermögen und vom Einsatz der Zeugnisinhaberin. Wichtig ist auch der Hinweis auf das volle Vertrauen der Geschäftsleitung.

Die Schlußformulierungen unterstreichen noch einmal die Wertschätzung, derer sich Fräulein Heinemann erfreute. Zwar fehlen Worte des Dankes (den Dank und die Anerkennung und Zufriedenheit der Geschäftsleitung kann man aber überall zwischen den Zeilen des Zeugnisses lesen), aber die Formulierungen insgesamt stellen noch einmal Fräulein Heinemann als eine besonders wertvolle Mitarbeiterin heraus.

Qualifiziertes Zeugnis für einen leitenden Angestellten

Braunschweig, 30. Juni 19..

Herr Diplom-Ingenieur Gerhard Klein, geboren am 02. März 19.. in Wolfenbüttel, trat am 01. April 19.. als Entwicklungsingenieur in unser Unternehmen ein. Bereits während seines Studiums an der Technischen Hochschule in Braunschweig hatte Herr Klein als Praktikant und später als Werkstudent in unserer Entwicklungsabteilung mitgearbeitet.

Herr Klein führte zunächst eine Reihe von Entwicklungsaufgaben auf dem Gebiet der hydraulischen Hebezeuge durch - mit sehr gutem Erfolg. 19.. begann er sich auf die Entwicklung von numerisch gesteuerten Werkzeugmaschinen zu spezialisieren.

Wir verdanken Herrn Klein den derzeitigen hohen technischen Stand dieser Produkte unseres Unternehmens und unserer Geltung auf dem Markt. Sein besonderes Verdienst lag darin, die Automatisierung dieser Maschinen vorangetrieben zu haben.

Im Laufe der Jahre hat sich Herr Klein mit großem Fachwissen und ungewöhnlicher Einsatzfreude ein eigenes Arbeitsgebiet aufgebaut. Sein Ruf als Fachmann auf diesem Gebiet war im In- und Ausland sehr gut.

Die Geschäftsführung unseres Unternehmens erkannte seine Leistungen an und ernannte ihn am 01. April 19.. zum Leiter eines Fertigungsbetriebes. In den folgenden Jahren bewährte sich Herr Klein als Führungskraft in der Fertigung genauso, wie er sich als Entwicklungsingenieur hervorgetan hatte. Er verstand es mit besonderem Geschick, seine Mitarbeiter zur Leistung zu führen, ein gutes Arbeitsklima zu schaffen und die

Zusammenarbeit mit seinen Mitarbeitern auf eine natürliche Vertrauensbasis zu stellen.
Durch den Besuch vieler innerbetrieblicher und überbetrieblicher Seminare und durch Selbststudium während seiner Freizeit vervollkommnete Herr Klein seine fachlichen Kenntnisse, aber auch sein Wissen über moderne Führungsmethoden und modernes Management.

Mit Wirkung vom 01. September 19.. übertrugen wir Herrn Klein Handlungsvollmacht.

Neben seinen Erfolgen als Entwicklungsingenieur und als Produktionsleiter hat Herr Klein wesentlich dazu beigetragen, bei Kontakten mit anderen Firmen, Verbänden und Behörden ein vertrauensvolles Verhältnis herzustellen. Er hat auch sehr wesentlich zu internationalem Erfahrungsaustausch beigetragen.

Am 01. Januar 19.. ernannten wir Herrn Klein zum Hauptbereichsleiter und erteilten ihm Gesamtprokura.

Auch in der Folgezeit bewährte sich Herr Klein sowohl in der Leitung seines Betriebes und der Führung seiner Mitarbeiter als auch in der Entwicklung neuer Fertigungstechnologien.

Herr Klein hat das Angebot erhalten, in die Geschäftsführung eines befreundeten Unternehmens einzutreten. Zwar bedauern wir sehr, einen so erfahrenen Fachmann und eine zugleich so bewährte Führungskraft zu verlieren, haben aber volles Verständnis dafür, daß Herr Klein seine Chance nutzt.

Wir danken Herrn Klein für seine lange, erfolgreiche Mitarbeit in unserem Unternehmen und wünschen ihm für seine neue Aufgabe viel Glück und Erfolg.
Maschinenbau AG

H. Großkopf W. Speck

Dieses Zeugnis für eine Führungskraft im oberen Management ist rundum positiv und in sich geschlossen. Es zeichnet den stetigen Aufstieg eines qualifizierten Mitarbeiters vom Eintritt in die Firma über einige Stationen bis zum Aufstieg in die Ebene unterhalb des Vorstandes.
Die Schilderung seiner fachlichen Qualifizierung, seiner Leistungen und seines Führungsverhaltens, verbunden mit den betrieblichen Beförderungen und Ernennungen gibt auch dem Außenstehenden ein deutliches Bild von der Person des Beurteilten und seinen Fähigkeiten. Interessant sind in diesem Zeugnis auch die aufgezählten Weiterbildungsbemühungen.
Das Zeugnis ist nicht streng nach einem Schema aufgebaut, sondern nach dem zeitlichen Ablauf der Ereignisse. Dadurch sind Aufgaben, Leistungen, Bewährung, Beurteilung der Leistungen und Beförderungen miteinander verquickt.
Das Zeugnis ist von Anerkennung und von Dankbarkeit getragen. Es ist zugleich eine gute Visitenkarte für Herrn Klein wie für seinen bisherigen Arbeitgeber.

Zwischenzeugnisse

Entgegen dem Wortlaut des Gesetzes entsteht der Anspruch auf ein Arbeitszeugnis nicht erst »bei Beendigung des Dienstverhältnisses« (§ 73 HGB, § 630 BGB), sondern schon bei der Kündigung. Der Arbeitnehmer soll nämlich bereits vor der Beendigung des Arbeitsverhältnisses die Möglichkeit haben, bei der Suche nach einer neuen Arbeitsstelle ein Zeugnis vorzulegen. In vielen Manteltarifverträgen ist deshalb der Anspruch auf ein Zeugnis »nach der Kündigung« geregelt.
Einige Manteltarifverträge sehen auch vor, daß Zeugnisse »jederzeit«, »im Bedarfsfall« oder »bei anzuerkennendem Interesse« erstellt werden müssen. Solche vor Ablauf des Beschäftigungsverhältnisses ausgestellten Zeugnisse nennt man »Zwischenzeugnis« oder »vorläufiges Zeugnis«.
Als Anlässe für die Ausstellung von Zwischenzeugnissen kommen in Frage:

- Der Arbeitnehmer will sich um eine neue Stelle bewerben und teilt dies auch seinem Arbeitgeber mit. (Er sucht Entwicklung, Aufstieg, eine andere Position, bessere Bezahlung, die der bisherige Arbeitgeber nicht bieten kann.)
- Der Arbeitgeber ist an einem Ausscheiden des Mitarbeiters interessiert. (Er ist mit den Leistungen und dem Verhalten nicht zufrieden; er kann oder will die Wünsche oder Vorstellungen des Mitarbeiters nicht erfüllen; es besteht Auftrags- oder Arbeitsmangel.)

- Es stehen innerbetriebliche Veränderungen bevor. (Durch Rationalisierung oder Umstrukturierung fallen Funktionen oder Arbeitsplätze weg; es soll festgehalten werden, was der Mitarbeiter bisher getan hat.)
- Der Mitarbeiter wechselt für das Unternehmen vom Inland ins Ausland oder umgekehrt. (Es sollen Informationen in die Personalakte kommen.)
- Der Mitarbeiter soll innerbetrieblich umgesetzt werden. (Der bisherige Vorgesetzte soll den Mitarbeiter beurteilen.)
- Der Mitarbeiter soll andere (höherwertige) Aufgabe/Tätigkeit/Position übernehmen. (Der bisherige Vorgesetzte soll den Mitarbeiter beurteilen.)
- Es drohen Arbeitskräfteeinsparungen/Entlassungen. (Die Mitarbeiter sollen die Chance erhalten, sich rechtzeitig woanders zu bewerben.)
- Der Mitarbeiter wird in den Betriebsrat gewählt. (Bei der Freistellung soll der bisherige Vorgesetzte den Mitarbeiter beurteilen.)
- Der Mitarbeiter übernimmt ein politisches Mandat (zum Beispiel als Abgeordneter; seine bisherigen Tätigkeiten, Leistungen und sein Verhalten sollen für die Personalakte festgehalten werden).
- Der Mitarbeiter will an längerfristigen externen Kursen, Trainings- und Weiterbildungsmaßnahmen teilnehmen. (Der Mitarbeiter will eventuell beurlaubt werden oder will vorübergehend aus dem Unternehmen ausscheiden; er braucht das Zeugnis zur Zulassung zu einer Bildungsmaßnahme.)
- Der Mitarbeiter will Fachschulen besuchen. (Er will beurlaubt werden; er braucht das Zeugnis zur Zulassung.)

Für Arbeitgeber empfiehlt es sich, jedes Zeugnis, das vor der Beendigung eines Arbeitsverhältnisses ausgestellt wird, als »Zwischenzeugnis« zu bezeichnen. Auf diese Weise kann er verhindern, gegenüber künftigen Arbeitgebern schadensersatzpflichtig zu werden, wenn sich nach der Zeugniserstellung die Leistung oder das Verhalten des Arbeitnehmers wesentlich verschlechtern oder im Extremfall der Mitarbeiter sogar strafbare Handlungen begeht.
Zwischenzeugnisse können als »einfache« und als »qualifizierte« Zeugnisse geschrieben werden. Im Regelfall werden sie als qualifizierte Zeugnisse ausgestellt, weil einfache Zeugnisse für die meisten Zwecke (Bewerbung, Unterlagen für die Personalakte für spätere Zeugniserstellung) nicht genügend aussagefähig sind. In Inhalt und Formulierung entsprechen Zwischenzeugnisse weitgehend den endgültigen Zeugnissen. Es fehlen meist nur Angaben über den Austrittsgrund und Schlußformulierungen.
Beim Ausscheiden muß der Arbeitnehmer das Zwischenzeugnis im Austausch gegen das endgültige Zeugnis zurückgeben.
Für einen Arbeitnehmer kann es sogar sehr günstig sein, sich ein Zwischenzeugnis ausstellen zu lassen. Wenn ein Arbeitgeber seinen Mitarbeiter – aus welchen Gründen auch immer – loswerden will und ihm deshalb eine Kündi-

gung nahelegt, hat der Mitarbeiter gute Chancen, ein für ihn günstiges Zeugnis zu erhalten. Der Arbeitgeber wird ihm meist entgegenkommen.

Will der Arbeitgeber den Mitarbeiter »wegloben« oder will er ihn zu einer Kündigung veranlassen, wird er ebenfalls positive Formulierungen finden. Muß er seinen Mitarbeiter wegen Auftragsmangels entlassen, wird er wohl versuchen, dem Mitarbeiter durch ein freundliches Zeugnis den Abgang zu versüßen und ihm vor allem das Finden einer neuen Arbeitsstelle zu erleichtern.

Ein weiterer Vorteil eines Zwischenzeugnisses kann sein, daß es meist recht günstig formuliert wird und daher für den Arbeitnehmer positiv ausfällt. Im allgemeinen wird der Arbeitgeber später kein schlechteres endgültiges Zeugnis ausstellen. Sollte er dies doch tun, kann der Arbeitnehmer mit Hinweis auf das bessere Zwischenzeugnis ein positiveres verlangen. Kommt der Arbeitgeber diesem Wunsch nicht nach, dürfte es in der Regel vor einem Arbeitsgericht leicht sein, ein verbessertes Zeugnis zu erstreiten.

Will ein Mitarbeiter sich aus einem ungekündigten Arbeitsverhältnis heraus bewerben, sei es, daß er tatsächlich eine neue Stelle sucht oder daß er nur seinen »Marktwert« testen will, dann muß ihm der Arbeitgeber auf Wunsch ein Zwischenzeugnis schreiben. Hier beginnt jedoch die Problematik: Häufig will er vermeiden, daß der Arbeitgeber vorzeitig etwas von seinen Abwanderungsabsichten erfährt. Vielleicht fürchtet er eine Verschlechterung des Klimas oder sogar irgendwelche negative Reaktionen seines Vorgesetzten oder des Arbeitgebers. Es besteht auch die Gefahr, daß er als »unsicherer Kandidat« eingestuft wird, von dem sich der Arbeitgeber bei der nächstgünstigen Gelegenheit trennt. Vor allem, wenn er nicht sicher ist, eine bessere Stelle zu finden oder wenn er gar nicht ernsthaft vorhat zu wechseln, wird er sich gut überlegen, ob er um ein Zwischenzeugnis bitten soll. Mit dieser Bitte signalisiert er zumindest Wechselabsichten.

Die Anforderung eines Arbeitszeugnisses kann aber auch eine völlig andere Wirkung zeigen. Ist der Arbeitgeber nämlich an dem Arbeitnehmer stark interessiert, weil er eine qualifizierte Führungskraft, einen hochkarätigen Spezialisten oder einen guten Fachmann nicht verlieren will, kann der Wunsch nach einem Zwischenzeugnis Verhandlungen mit interessanten Angeboten des Arbeitgebers auslösen.

Die Art der Reaktion des Arbeitgebers dürfte jedoch im allgemeinen schwer vorauszusehen sein. Deshalb sollte sich jeder Mitarbeiter die möglichen Folgen gut überlegen, bevor er eventuell mit einem Zwischenzeugnis »pokert«.

Hat ein Mitarbeiter jedoch fest vor, seine Stelle zu wechseln, hat er mit seinem Vorgesetzten darüber auch bereits gesprochen und besteht ein gutes Vertrauensverhältnis, dann dürfte er risikolos ein Zwischenzeugnis erbitten. In diesem Fall wird der Arbeitgeber voraussichtlich sogar dankbar sein, fair und rechtzeitig informiert zu werden, weil er sich ja um einen Nachfolger bemühen muß.

Wer sich mit Hilfe eines Zwischenzeugnisses bewerben will, ohne daß der Arbeitgeber von dieser Absicht etwas erfährt, sollte versuchen, sich rechtzeitig bei den »unauffälligen Anlässen« – den innerbetrieblichen Wechseln (der Mitarbeiter selbst oder der Vorgesetzte) – ein Zwischenzeugnis geben zu lassen. Zwischenzeugnisse wegen innerbetrieblicher Wechsel haben zudem meist den weiteren Vorteil, daß sie gut ausfallen.
Soll der Arbeitgeber von einem geplanten Stellenwechsel vor der Kündigung nichts erfahren, sollte der Arbeitnehmer lieber auf ein Zwischenzeugnis verzichten. Künftige Arbeitgeber haben in der Regel Verständnis dafür, daß der Bewerber vom derzeitigen Arbeitgeber kein Zwischenzeugnis vorlegen kann.
Sie sind sogar oft mißtrauisch, wenn ihnen ein Bewerber ein Zwischenzeugnis vorlegt und behauptet, noch in ungekündigter Stellung zu sein. Das gibt dem Bewerber für das Einstellungsgespräch sofort eine schlechtere Verhandlungsposition.
Anstelle eines Zwischenzeugnisses kann man – wenn es dies im Unternehmen gibt – eine Kopie der letzten Mitarbeiterbeurteilung oder einer Stellen- oder Aufgabenbeschreibung seinen Bewerbungsunterlagen beilegen. Es ist deshalb zweckmäßig, sich solche Unterlagen rechtzeitig zu besorgen. Aus dem Beurteilungsbogen kann der künftige Arbeitgeber einiges über Leistung und Verhalten und aus der Stellenbeschreibung die wichtigsten Aufgaben und Tätigkeiten des Bewerbers erfahren. Insofern sind solche Papiere aussagefähiger als die meisten Zeugnisse.

Die Beurteilung der Leistung

Mit dem Beurteilen der Leistung beginnen die Schwierigkeiten des Zeugnisschreibens. Je nach Art der Tätigkeit sind Leistungen sehr unterschiedlich schwer zu messen. Überall dort, wo meßbare Ergebnisse erzielt werden, kann man Stückzahlen, Gewichtsmengen oder DM-Beträge ermitteln und kann somit zumindest eine mengenmäßige Leistung erfassen. So kann man sicher die mengenmäßigen Arbeitsergebnise eines Arbeiters unmittelbar in der Produktion oder die eines Verkäufers im Außendienst noch gut messen. Schwieriger wird es schon bei einem Schlosser in der Reparaturwerkstatt oder bei einem Abteilungsleiter in einem Warenhaus, dessen Leistung weniger im Verkaufen als im Führen seiner Abteilung besteht. Bei diesem kann man als Bewertungsmaßstab die Verkaufsleistung seiner Abteilung mit heranziehen.
Soll aber nicht nur die Menge, sondern auch die Qualität der Leistung beurteilt werden, treten zusätzliche Schwierigkeiten auf. So kann zwar bei einem Korrespondenten in einer Reklamationsabteilung die Zahl der täglich beantworteten Kundenbriefe genau gezählt, die Qualität der Antwortschreiben jedoch nur schwerlich gemessen werden. Wie will man »Kundenfreundlichkeit«

messen und zugleich auch noch die Vertretung der berechtigten Interessen der Firma gegenüber den Kunden?
Noch schwieriger wird das Erfassen von Leistungen in allen verwaltenden Tätigkeiten. Je weiter weg die Tätigkeit von der Routine hin zu geistigen und kreativen Leistungen geht, desto mehr ist der Beurteiler auf Schätzungen angewiesen.
Wichtige Voraussetzung für eine Beurteilung und Bewertung von Leistungen sind Leistungsziele, die dem Mitarbeiter gesetzt werden. Diese sind in vielen Firmen als allgemeine Ziele in Stellen- oder Aufgabenbeschreibungen festgelegt. So heißt es zum Beispiel in der Stellenbeschreibung eines Verkaufsleiters im Außendienst: »Der Stelleninhaber sorgt dafür, daß die von der Geschäftsleitung jährlich gesetzten Umsatzziele erreicht werden.«
Am Jahresende läßt sich sicher an den Verkaufsleistungen des Außendienstes ablesen, ob und wieweit dieses Ziel erreicht wurde. Wie und woran will man aber den Anteil des Verkaufsleiters an diesem Ergebnis ermitteln? Und woran will man ein weiteres Ziel aus dieser Stellenbeschreibung messen: »Der Stelleninhaber sorgt für die fachliche Qualifikation seiner Mitarbeiter«?
Wenn es hier keine exakten Festlegungen gibt, was unter der fachlichen Qualifikation zu verstehen ist, bleibt es dem Beurteiler überlassen, woran er die Qualifikation der Außendienstmitarbeiter mißt (zum Beispiel Führen eines Verkaufsgesprächs, Eingehen auf Kundenprobleme, Beratung, Argumentation, Produktwissen, Tourenplanung und was auch immer). Er müßte zu diesem Zweck die Außendienstmitarbeiter bei den Kunden in Aktion beobachten können. Noch schwieriger ist zu beurteilen, wieweit der Verkaufsleiter sein nächstes Ziel erreicht: »Der Stelleninhaber hat seine Mitarbeiter zu motivieren, die Ziele ihrer Stellenbeschreibungen zu erreichen.« Da nicht festgelegt ist, was »Motivieren« ist und wie dies geschehen soll, bleibt eigentlich nur der Schluß: Wenn die Mitarbeiter ihre Ziele erreicht haben, hat der Vorgesetzte sie auch richtig motiviert. Die besonders wichtige Führungsleistung des Verkaufsleiters läßt sich also am wenigsten genau beurteilen. Es ist nämlich denkbar, daß auch günstige Marktverhältnisse und andere Einflüsse ein gutes Ergebnis gebracht haben, obwohl der Vorgesetzte schlecht führt und motiviert.
Besser als die allgemein gehaltenen Ziele der Stellenbeschreibung sind exakt formulierte, meßbare Ziele, die zudem schriftlich festgehalten werden. Mit ihnen kann man die ebenfalls meßbaren Leistungsergebnisse vergleichen und hat somit verläßliche Aussagen über die Leistungen.
Auch bei qualitativen Leistungszielen, die sich nicht in meßbaren Größen ausdrücken lassen, sollte man versuchen, eine möglichst genaue Zielsetzung zu formulieren, zum Beispiel so: »Die gewünschte Qualität ist erreicht, wenn die Rücksendungen unter 5 Prozent des Umsatzes liegen.« Jetzt läßt sich auch ein qualitatives Ziel an Mengenangaben messen.

In der betrieblichen Praxis sind jedoch die wenigsten Ziele klar und vor allem schriftlich festgelegt. Auch die Leistungen werden nur selten exakt gemessen und mit den Zielen verglichen. Die Vorgesetzten begnügen sich deshalb bei ihren Angaben für Zeugnisse mit mehr oder weniger groben Schätzungen, oft auch mit gefühlsmäßigen Einschätzungen der Leistungen. Dabei spielen Sympathie oder Antipathie gegenüber den Mitarbeitern eine ebenso große Rolle wie die persönlichen Leistungsmaßstäbe des Vorgesetzten, an denen er die Leistungen der Mitarbeiter mißt.
Gibt es im Unternehmen ein funktionierendes Beurteilungssystem, dann kann die Personalabteilung bei der Zeugnisformulierung auf die Angaben über Leistungen, Fachkenntnisse, Fähigkeiten und Fertigkeiten zurückgreifen, die in den Beurteilungsbogen festgehalten sind. Sie läßt sich diese – meist weiter zurückliegenden – Aussagen durch aktuelle Urteile des direkten Vorgesetzten ergänzen. Die Schwierigkeiten der Leistungsbeurteilung, die sonst erst bei der Ausfertigung der Zeugnisse auftreten, entstehen in diesen Unternehmen bereits im Verlauf der Leistungsbeurteilung. Sie werden besonders deutlich im Beurteilungsgespräch, wenn der Vorgesetzte seinen Mitarbeitern die Ergebnisse seiner Beobachtungen und die Begründungen seiner Beurteilungen darlegen muß. Dies ist sicher unproblematisch, solange der Vorgesetzte eine gute Beurteilung abgibt, die sich mit dem Selbstbild des Mitarbeiters deckt oder sogar besser ausfällt, als es der Mitarbeiter erwartet hatte. Ist aber das Urteil des Vorgesetzten schlechter als die Selbsteinschätzung des Mitarbeiters, kann es zu erheblichen Meinungsverschiedenheiten kommen. Wird keine Einigung über den Inhalt der Beurteilung erzielt, dann treten spätestens beim Zeugnisschreiben auf Grund der Beurteilungen erneut die Probleme zutage.
Wo keine regelmäßigen Mitarbeiterbeurteilungen durchgeführt werden, muß der Zeugnisschreiber versuchen, die Leistungen des Mitarbeiters anderweitig zu ermitteln. Ist er zugleich der Vorgesetzte, entnimmt er die Aussagen entweder irgendwelchen Aufzeichnungen über vorgegebene Ziele und erzielte Ergebnisse, oder er schätzt und bewertet die Leistungen auf Grund seiner Erfahrungen mit dem Mitarbeiter. Vielleicht zieht er zum Vergleich auch die Leistungen anderer Mitarbeiter heran. Beurteilt der Zeugnisschreiber den Mitarbeiter aus der Entfernung (zum Beispiel als Chef des Unternehmens oder als Personalmann), muß er versuchen, durch Befragung eine Leistungsbeurteilung des zuständigen Vorgesetzten zu erhalten.
Manche Unternehmen haben Formulare eingeführt, mit denen das Personalwesen Informationen für das Arbeitszeugnis anfordert. Ein solches Formular enthält Fragen zur Person des Mitarbeiters, über sein Arbeitsgebiet, über den Grund des Austritts sowie über Leistungen und Arbeitsergebnisse, das soziale Verhalten (Verhalten gegenüber Vorgesetzten, Kollegen und Unterstellten) und, soweit es Führungskräfte betrifft, das Führungsverhalten. Der Ein-

fachheit und der Einheitlichkeit der Aussagen halber werden dem Vorgesetzten die einzelnen Beurteilungskriterien und oft auch die möglichen Antworten vorgegeben. Solche Fragebogen ähneln meist stark den Personalbeurteilungsbogen. Der Vorgesetzte braucht nur noch die zutreffenden Aussagen anzukreuzen. Für darüber hinausgehende, individuelle Aussagen bleibt noch Raum für freie Formulierungen. Ein Muster eines solchen Beobachtungsbogens zur Zeugniserstellung finden Sie im Anhang.
In diesem Beobachtungsbogen werden die Angaben zur Person von der Personalabteilung ausgefüllt, mit dem Hinweis, für welchen Zweck (Zwischenzeugnis, Arbeitsnachweis, qualifiziertes Zeugnis, Zeugnis für die Personalakte) die Angaben benötigt werden.
Die Angaben über das Aufgabengebiet werden vom Fachvorgesetzten eingetragen. Hierzu verwendet er die Stellenbeschreibung. Von dieser überträgt er nur die wichtigsten Teilaufgaben.
Der Fachvorgesetzte trägt den Austrittsgrund ein, der im Unternehmen (zum Beispiel Arbeitsmangel) oder im Mitarbeiter (zum Beispiel Wechsel in ein anderes Unternehmen, Aufstiegsmöglichkeiten) zu suchen sein kann. Kündigt der Mitarbeiter, übernimmt der Vorgesetzte dessen Begründung.
Bei der eigentlichen Beurteilung auf der Rückseite des Formulars sind nur die positiven Abstufungen zu den einzelnen Kriterien bis einschließlich einer durchschnittlichen, den Anforderungen entsprechenden Beschreibung aufgeführt. Negative Beurteilungen, wie sie bei der Mitarbeiterbeurteilung möglich sind, werden im Beobachtungsbogen vermieden. Da Arbeitszeugnisse von einem verständigen Wohlwollen getragen sein sollen und deshalb im allgemeinen keine Negativ-Beurteilungen enthalten, wurde auf unterdurchschnittliche Bewertungen verzichtet.
Da die einzelnen Beschreibungen nicht immer genau die Kenntnisse und Fähigkeiten sowie das Verhalten wiedergeben, kann der Vorgesetzte in der Spalte »Bemerkungen« Ergänzungen oder Korrekturen anbringen.
Wichtig ist, daß der Vorgesetzte den ausgefüllten Beobachtungsbogen wie eine Beurteilung mit dem Mitarbeiter durchspricht. Dadurch soll erreicht werden, daß der Mitarbeiter mit den Angaben einverstanden ist oder rechtzeitig seine Änderungswünsche vorbringen kann. Damit soll auch vermieden werden, daß der Mitarbeiter seine Kritik erst vorbringt, wenn das Arbeitszeugnis bereits geschrieben ist.
Als Kriterien für die Beurteilung der Leistung können herangezogen werden:

Arbeitsergebnis (Leistungsmenge und Leistungsqualität):

Die Aussagen über die Leistungsmenge werden selten direkt in ein Zeugnis übernommen. Es wird zum Beispiel erwähnt, ob die Leistungen einer Normalleistung oder dem Durchschnitt entsprechen oder wie weit sie hiervon zum Positiven (oder höchst selten auch zum Negativen) abweichen:

»Seine Arbeitsergebnisse lagen stets weit über dem Durchschnitt vergleichbarer Mitarbeiter.«
Bisweilen werden auch relative Werte angegeben:
»Er produzierte im Schnitt 15 Prozent mehr als seine Kollegen. Dabei hatte er stets den niedrigsten Ausschuß.«
»Herr X. steigerte den Umsatz in seinem Bezirk in den letzten vier Jahren um jeweils mehr als 10 Prozent und lag damit in der Spitzengruppe unserer Verkäufer.«
Aus solchen Aussagen kann der Zeugnisleser zumindest ablesen, daß es sich hier um überdurchschnittliche Mitarbeiter handelt. Da er jedoch nicht weiß, wo der Zeugnisschreiber den Durchschnitt ansiedelt, bleibt ihm immer noch eine gewisse Unsicherheit.
Die Aussagen über die Qualität der Arbeitsleistung werden entweder auf das Arbeitsergebnis oder auf den Arbeitseinsatz und die Durchführung bezogen. Häufig wird hier auch das Arbeitsverhalten erwähnt. Die Ergebnisse dieser Beurteilung werden entweder in schulnotenähnlicher Form und Abstufung wie

- »sehr gut – gut – befriedigend – ausreichend – mangelhaft«
- »hervorragend – ausgezeichnet – gut – weniger gut – noch ausreichend – schwach«
- oder relativ, an einem Durchschnitt orientiert, wie »weit über Durchschnitt – über Durchschnitt – Durchschnitt – unter Durchschnitt – weit unter Durchschnitt«

ausgedrückt. Dabei werden unterdurchschnittliche Ergebnisse im allgemeinen nicht in das Zeugnis übernommen. Aus »verständigem Wohlwollen« werden sie entweder leicht »geschönt« als zumindest durchschnittlich hingestellt oder auch gar nicht erwähnt.
Häufig werden Leistungen und Verhaltensweisen auch zusammen beurteilt, weil sie nicht immer leicht voneinander zu trennen sind. So werden insbesondere als positiv angesehene Verhaltensweisen und Eigenschaften wie Fleiß und Sorgfalt, Zuverlässigkeit, Aktivität und Initiative, die Einstellung zur Arbeit, Arbeitsantrieb und Arbeitsintensität, die Arbeitsmethode, Ausdauer und Belastbarkeit und der Leistungsstand zur Leistung gezählt:
»Sie führte unsere Dispositionskartei mit großer Sorgfalt und Zuverlässigkeit. Dabei entwickelte sie die Kartei zu einem gut funktionierenden Steuerungsinstrument für unseren Betriebsmitteleinkauf. Mit ihren Leistungen waren wir stets sehr zufrieden.«

(Angewandtes) Fachwissen (Fachkenntnisse):

Das Fachwissen ist die Summe aller bei der Arbeitsausführung angewandten praktischen und theoretischen Kenntnisse. Im Arbeitszeugnis wird haupt-

sächlich der Teil des Fachwissens beurteilt, der im Unternehmen auch tatsächlich eingesetzt wurde.
»Herr Y. hat umfassende Kenntnisse in der Prozeßsteuerung von Feinpapiermaschinen. Diese Kenntnisse hat er sich während seines Studiums an der TH . . ., während eines anschließenden dreijährigen Kanada-Aufenthaltes bei der Firma . . . sowie als technischer Assistent des Leiters unserer Feinpapierfabrik in . . . erworben.«
Ist darüber hinaus erwähnenswertes, aber in der derzeitigen Tätigkeit kaum oder gar nicht gefordertes oder genutztes Fachwissen vorhanden, kann dieses auch im Zeugnis angeführt werden. Voraussetzung ist allerdings, daß der Beurteiler die Qualität des Fachwissens begutachten kann, ohne daß er die Anwendung erlebt hat.
»Fräulein G. besitzt ausgezeichnete Kenntnisse in Protugiesisch, die sie in ihrer derzeitigen Tätigkeit nicht verwenden konnte. Sie wurde häufig von der hiesigen Industrie- und Handelskammer als Dometscherin herangezogen, wenn mit portugiesischen Handelspartnern Verhandlungen anstanden.«
Fachwissen kann in der Berufsausbildung, in Fach- und Hochschulen, in Kursen und Seminaren und vor allem während der beruflichen Tätigkeit erworben werden.
Im Zeugnis werden die Fachkenntnisse entweder in ihrer Anwendung genau beschrieben: »Sie beherrscht Englisch in Wort und Schrift fließend.« Oder: »Dank ihrer ausgezeichneten Englischkenntnisse diente sie in geschäftlichen Verhandlungen als Dolmetscherin. Außerdem übersetzte sie unsere gesamte Geschäftskorrespondenz mit englischsprachigen Partnern.«
Es kann aber auch die Aufgabe oder der Beruf dargestellt und dazu der Grad der Fachkenntnisse erwähnt werden: »Herr Z. war als Bilanzbuchhalter in unserer Abteilung Bilanzen tätig. Dank seiner hervorragenden Fachkenntnisse übertrugen wir ihm die Aufgabe, unsere konsolidierte Jahresbilanz zu erstellen. Herr Z. war auch Dozent für das Fachgebiet Bilanzen an der Fachhochschule . . .«

Die Beurteilung des Verhaltens

Noch erheblich schwieriger als die Leistung ist das Verhalten eines Mitarbeiters zu beobachten und zu beurteilen. Das liegt einmal daran, daß es für Verhaltensweisen keine objektiven und allgemein anerkannten Maßstäbe gibt. Dann aber auch ist das menschliche Verhalten in Wechselwirkung vom Verhalten anderer abhängig. Ein Mitarbeiter verhält sich zum Beispiel so, wie sein Vorgesetzter ihn durch sein eigenes Verhalten animiert oder provoziert oder wie die Kollegen ihn behandeln. Hier gilt das Sprichwort: »Wie es in den Wald

schallt, so schallt es heraus.« Er verhält sich aber oft auch so, wie man es von ihm erwartet. So spielt mancher eine Rolle, die ihm entweder »auf den Leib geschrieben« ist und die er sich selbst ausgesucht hat oder in die man ihn gedrängt hat. Solche Rollen können sein der informelle Führer, der Besserwisser, die Betriebsnudel, der Beichtvater, der Sündenbock, der Erfolgreiche, der Mitläufer, um nur einige zu nennen.
Das Verhalten eines Menschen ist aber keinesfalls stets gleichbleibend. Je nach der Situation, in der sich ein Mitarbeiter befindet, oder nach der Rolle, die er gerade spielt, zeigt er unter Umständen ein völlig unterschiedliches Verhalten. So kann derselbe Mensch einmal als Vorgesetzter gegenüber seinen Mitarbeitern sehr autoritär, bestimmt, kritisch und unnachsichtig auftreten und als Mitarbeiter gegenüber seinem Vorgesetzten angepaßt, willig, freundlich und diensteifrig. Dieser Mitarbeiter erhielte eine sehr unterschiedliche Beurteilung seines Verhaltens, je nachdem ob ihn sein Vorgesetzter oder seine Mitarbeiter beurteilen würden. Dieses Beispiel zeigt auch, daß jede Beurteilung, gleich durch wen sie erfolgt, immer nur einen Bruchteil des Gesamtverhaltens wiedergibt. Deshalb sollte man bei der Beschreibung von Verhaltensweisen jeweils die Situation angeben, in denen diese zu beobachten waren. »In schwierigen Situationen behielt er stets einen klaren Kopf und eine gute Übersicht. Wenn Entscheidungen zu treffen waren, traf er diese rasch und präzise.«
In die Beurteilung des Verhaltens fließen in noch stärkerem Maße als bei der Leistungsbeurteilung die Stimmungen und Gefühle, insbesondere Sympathie oder Antipathie des Beurteilers ein. Der Vorgesetzte muß sich als Lieferant der Angaben für ein Zeugnis oder als Zeugnisschreiber dieser Zusammenhänge bewußt sein. Dann kann er bis zu einem gewissen Grade den Beurteilungstendenzen der Milde oder der Strenge gegensteuern und zu einem zutreffenden Urteil gelangen.
Zu den Verhaltensweisen, die in einem qualifizierten Zeugnis beurteilt werden, zählen vor allem die Arbeitsbereitschaft (Motivation), die Zusammenarbeit und bei Führungskräften zusätzlich das Führungsverhalten.
Das Beurteilen der Verhaltensweisen kann durch die Festlegung von Verhaltenszielen erleichtert werden. Wenn in einem Unternehmen zum Beispiel die Formen der Zusammenarbeit oder der Führungsstil vereinbart und jedermann bekannt sind, kann das Verhalten der einzelnen Mitarbeiter und Führungskräfte leichter beobachtet und beurteilt werden. Es liegen dann Maßstäbe für gewünschte Verhaltensweisen vor.

Arbeitsbereitschaft (Motivation)

Die Arbeitsbereitschaft eines Mitarbeiters ist zwar meist erkennbar, aber sie ist in ihrer Stärke oft schlecht einzuschätzen und in Worte zu fassen. Sie kann

einmal an der erkennbaren Freude oder Begeisterung abgelesen werden: Wie gern tut ein Mitarbeiter etwas? Meldet er sich freiwillig, wenn eine besondere (schwierige, unangenehme, zeitraubende, persönlichen Einsatz verlangende) Aufgabe zu erledigen ist? Läßt er pünktlich am Feierabend den Federhalter fallen, oder führt er eine Aufgabe zu Ende? Ist er bereit, Überstunden zu machen, wenn es die Aufgabe erfordert? Muß er ständig zur Arbeit angehalten werden? Sucht und stellt er sich selbst Aufgaben? Geht er freundlich auf die Kunden zu, und verliert er auch bei »schwierigen« Kunden nicht die Geduld?
Die Arbeitsbereitschaft läßt sich auch zum Teil am Verantwortungsbewußtsein, der Gründlichkeit und Sorgfalt beim Arbeiten, vor allem aber auch am Ergebnis (Menge und Qualität) ablesen. Auch die Bereitschaft, ständig hinzuzulernen, kann Ausdruck der Arbeitsbereitschaft oder Motivation sein.
Die Arbeitsbereitschaft der Mitarbeiter kann verschiedene Ursachen haben: Der Mitarbeiter kann aus eigenem Antrieb sehr aktiv sein. Er kann zum Beispiel von dem Drang, kreativ Neues zu entwickeln oder aber sich körperlich auszuarbeiten, getrieben sein. Der Antrieb kann auch von der Aufgabe her kommen. Interessante und verantwortungsvolle Aufgaben haben im allgemeinen einen höheren Anreizwert als uninteressante Tätigkeiten, die den Mitarbeiter kaum fordern.
Das Führungsverhalten des Vorgesetzten kann ebenfalls einen sehr entscheidenden Einfluß auf die Arbeitsbereitschaft seiner Mitarbeiter haben. Wenn es der Vorgesetzte versteht, seine Mitarbeiter für ihre Tätigkeit zu begeistern, ist eine hohe Motivation der Mitarbeiter die Folge.
Schließlich kann auch die Einstellung einer Gruppe zur Leistung eine gewichtige Rolle für die Arbeitsbereitschaft der einzelnen Gruppenmitglieder spielen. Je nachdem, wie stark der Zusammenhalt in der Gruppe ist und welche Leistungsnormen sie sich setzt, kann auch die Arbeitsbereitschaft der einzelnen Mitglieder der Gruppe hoch oder niedrig sein.
Es ist aber oft recht schwierig, die Ursachen hoher oder niedriger Arbeitsbereitschaft zu erkennen und zu bewerten. Der Zeugnisschreiber kann dann nur den Grad der Arbeitsbereitschaft als erkennbares Verhalten feststellen und zu einem Urteil formulieren. Er wird dabei Situationen oder Tätigkeiten darstellen und das gezeigte Verhalten des Mitarbeiters schildern und beurteilen:
»Immer wenn Tätigkeiten einen besonderen Einsatz verlangten, meldete sich Herr K. freiwillig.«
»Frau W. wird von unseren Kunden wegen ihrer freundlichen und zuvorkommenden Art und ihres Eingehens auf ihre Wünsche immer wieder sehr gelobt.«
»Herr K. nahm jede Gelegenheit wahr, sich auf seinem Fachgebiet weiterzubilden.«

Zusammenarbeit (Sozialverhalten)

Die Zusammenarbeit und das Sozialverhalten eines Mitarbeiters äußern sich im Umgang mit anderen in drei Richtungen und auf drei Ebenen:
auf der gleichen Ebene mit seinen Kollegen

- nach oben gegenüber seinem Vorgesetzten (und eventuell höheren Vorgesetzten)
- nach unten gegenüber Mitarbeitern und Unterstellten (soweit der Mitarbeiter zugleich auch Vorgesetzter ist)
- sowie gegenüber Gleichrangigen.

Das Verhalten in der Zusammenarbeit kann dabei in allen Richtungen und Ebenen etwa gleich sein – zum Beispiel kooperativ. Es kann aber auch je nach der Rolle – Kollege, Führer oder Geführter – sehr unterschiedlich ausfallen: im Extremfall der »Radfahrer«, der nach oben buckelt und nach unten tritt. So unterschiedlich wie das Verhalten kann dann die Beurteilung der Zusammenarbeit auf den drei Ebenen sehr verschieden sein.

Die Fähigkeit zur Zusammenarbeit spielt im Wirtschaftsleben eine immer wichtigere Rolle, weil immer mehr Aufgaben nicht von »Einzelkämpfern« erledigt, sondern in Gruppen gemeinsam gelöst werden. Entweder sind dies Gruppen eines Bereichs oder einer Abteilung, die ständig zusammenarbeiten. Häufig sind es aber auch Gruppen, die zur Lösung einer bestimmten Aufgabe zusammengestellt und, wenn der Auftrag erfüllt ist, wieder aufgelöst werden.

In solchen Arbeitsgruppen oder Teams arbeiten oft qualifizierte Spezialisten aus verschiedenen Fachbereichen zusammen. Der Leiter eines Teams ist nicht immer das ranghöchste Teammitglied, sondern zum Beispiel der von allen anerkannte Fachmann oder derjenige, der das Team am besten auf das gewünschte Ergebnis hin leiten kann. Zur Teamfähigkeit gehört aber auch die Bereitschaft, sich in das Team einzuordnen, gute Vorschläge anderer aufzugreifen, schwächeren Teammitgliedern zu helfen und sich mit dem Ergebnis der Teamarbeit zu identifizieren, selbst wenn dieses anders ausfällt, als man es selbst ursprünglich geplant hatte.

Die Fähigkeit zur Zusammenarbeit wird heute von vielen Mitarbeitern verlangt und besonders hoch bewertet. Sie sollte auch, wenn irgend möglich, im Arbeitszeugnis erwähnt werden.

Ob und wie sehr ein Mitarbeiter zur Zusammenarbeit fähig und bereit ist, kann an den Antworten auf folgende Fragen abgelesen werden:

- Wie fügt sich der Mitarbeiter in die Gruppe (in das Team) ein?
- Wie fördert er die Zusammenarbeit?
- Wie trägt er zum Gruppenklima bei?
- Bringt er selbst konstruktive, weiterführende Vorschläge und Lösungsansätze?
- Ist er zu Kompromissen zugunsten des Gruppenergebnisses bereit?

- Steuert er die Gruppe auf gemeinsame Ziele hin?
- Trägt er die Lösungen und Ergebnisse der Gruppe mit?

Im Zeugnis wird das Verhalten in der Zusammenarbeit in einer Aussage zusammengefaßt:

»Sein Verhalten gegenüber Vorgesetzten, Kollegen und Mitarbeitern war stets einwandfrei.«

Diese Aussage ist recht allgemein gehalten. Jeder Leser des Zeugnisses kann hier herauslesen, was er unter einem einwandfreien Verhalten verstehen will.

Genauer sagen die beiden nächsten Formulierungen aus, in welcher Weise und auf welchen Gebieten die Zusammenarbeit funktioniert hat:

»Sie zeigte im Umgang mit Mitarbeitern und Vorgesetzten viel Verständnis, Einfühlungsvermögen und Überzeugungskraft.«

»Wegen seiner Kollegialität und Hilfsbereitschaft sowie wegen seines freundlichen und ausgleichenden Wesens wurde er von Kollegen, Mitarbeitern und Vorgesetzten gleichermaßen geschätzt. Besonders erwähnenswert ist seine Fähigkeit, in Arbeitsgruppen und Teams konstruktiv und kreativ mitzuarbeiten.«

Es können aber auch die einzelnen Richtungen und Ebenen in der Zusammenarbeit getrennt beurteilt werden:

»Herr L. erwies sich gegenüber seinen Vorgesetzten und der Firma stets loyal, gegenüber Gleichgestellten kollegial und gegenüber seinen Mitarbeitern kooperativ. In Teams trug er durch sein zielorientiertes und die Zusammenarbeit förderndes Verhalten sehr zu guten Ergebnissen bei.«

»Wir schätzen an Frau M. besonders ihre loyale Haltung gegenüber Vorgesetzten und ihre Kollegialität und ihr verständnisvolles und freundliches Wesen gegenüber unseren Mitarbeitern.«

»Besonders lobend erwähnen möchte ich die freundliche und offene Art, mit der Frau S. ihren Vorgesetzten begegnete, und ihr kollegiales und hilfsbereites Verhalten gegenüber Kollegen und Mitarbeitern. Man kann Frau S. als die gute Seele der Abteilung bezeichnen.«

Solche etwas differenzierteren Beurteilungen des Sozialverhaltens werden dem Beurteilten besser gerecht. Die Mehrzahl der Menschen verhält sich nämlich in verschiedenen Rollen und Situationen durchaus unterschiedlich. Die Beurteilungen dienen aber auch dem Zeugnisleser dazu, sich ein zutreffenderes Bild über einen Bewerber zu machen.

Manche Zeugnisschreiber ziehen es jedoch vor, ein mehr pauschaliertes Urteil abzugeben. Entweder haben sie den Mitarbeiter nicht genau genug beobachtet und können deshalb keine gezielteren Aussagen machen, oder sie wollen vermeiden, in einem differenzierteren Urteil auch Schwächen des Mitarbeiters aufzeigen zu müssen. In einem Pauschalurteil lassen sich einzelne Schwachstellen leichter übergehen.

Außerdienstliches Verhalten

Häufig wird die Frage gestellt, ob und wieweit außerdienstliches Verhalten in ein Arbeitszeugnis aufgenommen werden dürfe oder müsse.
Grundsätzlich gehört außerdienstliches Verhalten, gleichgültig ob es positiv oder negativ zu bewerten ist, nicht in ein Zeugnis. Zum einen geht die private Sphäre des Mitarbeiters den Arbeitgeber nichts an, zum anderen dürften Informationen, die der Arbeitgeber auf diesem Gebiet hat, meist sehr lückenhaft sein und oft nur auf Gerüchten und Zuträgereien beruhen.
Nur wenn das außerdienstliche Verhalten erhebliche Auswirkungen auf die betrieblichen Leistungen hat, kann es ausnahmsweise in das Arbeitszeugnis aufgenommen werden. Dabei sollte der Arbeitgeber jedoch sehr strenge Maßstäbe anlegen. So kann sich zum Beispiel starker Alkoholismus in der Freizeit durchaus negativ auf die Arbeitsleistung auswirken. Unkonzentriertheit, Minderleistungen oder Fehlzeiten können die Folge sein. Aus solchen Folgeerscheinungen lassen sich dann auch Kündigungsgründe ableiten, wenn die Konsequenzen für den Arbeitgeber nicht mehr zumutbar sind.
Die Grenzen zwischen starkem Alkoholkonsum, der sich nur in der Freizeit abspielt, und Trunksucht, die dann auch stark in den dienstlichen Bereich hineinspielt, sind oft jedoch schwer zu ziehen. Die möglichen Auswirkungen starken Alkoholkonsums auf den dienstlichen Bereich sind auch sehr unterschiedlich. So mag es relativ harmlos sein, wenn einem Maurer oder einem kaufmännischen Angestellten gelegentlich während der Arbeit die Hände zittern. Bei einem Kraftfahrer oder einem Chirurgen kann dies jedoch verhängnisvolle Folgen haben. Nur in solch wirklich schwerwiegenden Fällen sollten deshalb übermäßiger Alkoholkonsum oder Trunksucht in ein Arbeitszeugnis aufgenommen werden. Hier könnte nämlich ein künftiger Arbeitgeber, der im Vertrauen auf ein positives Zeugnis einen solchen Mitarbeiter einstellt, vom Zeugnisschreiber Schadenersatz verlangen, wenn der Mitarbeiter alkoholbedingt Unheil anrichtet.
Wenn Alkoholkonsum zur Kündigung geführt hat, behelfen sich viele Zeugnisschreiber mit einer Umschreibung des Sachverhalts, die aufmerksamen Lesern die wahren Kündigungsgründe signalisiert. Diese müssen jedoch schon »zwischen den Zeilen« lesen können:
»Herr B. blieb seit März dieses Jahres wiederholt seinem Arbeitsplatz fern. Es kam auch zu Konflikten mit seinem Vorgesetzten. Wir sahen uns deshalb leider gezwungen, das Arbeitsverhältnis zum 30. September aufzulösen. Wir hoffen und wünschen, daß Herr B. bald wieder zu der Leistungsfähigkeit zurückfindet, die wir viele Jahre so sehr an ihm geschätzt haben. Dann wären wir auch bereit, Herrn B. wieder einzustellen.«
In diesem Beispiel wird Alkoholismus umschrieben, der zur Entlassung führte. Entlassungsgründe dürfen jedoch nur dann in ein Arbeitszeugnis aufgenommen werden, wenn der Mitarbeiter ein qualifiziertes Zeugnis verlangt.

Man kann den im obigen Beispiel angedeuteten Alkoholismus aber auch im Zeugnis anklingen lassen, ohne auf den Entlassungsgrund einzugehen. Diesen kann sich ein sorgfältiger Leser auch so zusammenreimen.
Als Beispiel für außerdienstliches Verhalten, das seinen Niederschlag auch im dienstlichen Bereich findet, wird häufig auch der Entzug des Führerscheins bei Kraftfahrern, Reisenden, Vertretern oder Kundendienstleuten erwähnt. Es ist aber umstritten, ob dies auch in ein Zeugnis gehört. Ein solcher Hinweis steht nämlich noch in einem Zeugnis und belastet den Inhaber, wenn er den Führerschein längst zurückerhalten hat und das den Führerscheinentzug auslösende Delikt verjährt ist. Außerdem kann man davon ausgehen, daß ein Arbeitgeber, der einen Kraftfahrer oder einen Mitarbeiter einstellt, zu dessen Aufgaben häufiges Autofahren gehört, sich in geeigneter Form darüber informiert, ob der Bewerber einen Führerschein besitzt.
Auch strafbare Handlungen außerhalb des dienstlichen Bereichs, die in keinem Bezug zur Arbeit stehen, gehören nicht in ein Zeugnis. Wurde zum Beispiel ein Mitarbeiter mit einer Gefängnisstrafe wegen Diebstahls belegt und deshalb entlassen, darf weder ein Hinweis auf die Strafe und das Delikt noch die Erwähnung des Kündigungsgrundes in das Zeugnis aufgenommen werden.

Führungsverhalten

Führungskräfte werden immer mehr auch daran gemessen, wieweit sie in der Lage sind, ihre Mitarbeiter erfolgreich zu führen. Die Führungsaufgabe ist in den letzten Jahren immer schwieriger geworden und wird sicher in Zukunft noch schwieriger werden. Es genügt nämlich nicht mehr, als Führungskraft der beste Fachmann auf einem Spezialgebiet zu sein. Weitaus wichtiger ist die Fähigkeit, mit den Mitarbeitern bestimmte Ziele zu erreichen und die Mitarbeiter zu Leistungen anzuspornen. Dies kann aber kaum noch mit autoritärem Druck gelingen, sondern nur mit einem Führungsstil, der von den Mitarbeitern auch akzeptiert wird.
Für einen künftigen Arbeitgeber ist es deshalb sehr wichtig zu wissen, wie eine Führungskraft führt, die er neu einstellen will. Er muß wissen, wie der Neue führt, wie seine Einstellung zu den Mitarbeitern ist und ob er mit seinem Führungsverhalten in das Unternehmen und zu seinen künftigen Mitarbeitern paßt. Von den Führungsfähigkeiten seiner Führungskräfte hängt schließlich sehr wesentlich der Erfolg oder Mißerfolg seines Unternehmens ab.
Was jedoch Führungsfähigkeiten sind und wie und woran diese zu messen und zu bewerten sind, darüber herrscht durchaus keine Einigkeit. Als erstrebenswerter Führungsstil oder als gewünschtes Führungssystem wird zwar allenthalben die »kooperative Führung« erwähnt und gefordert. Zwischen den wohlklingenden Absichtserklärungen und Forderungen und der betrieb-

lichen Wirklichkeit liegen aber oft noch Welten. Grundsätzlich aber kann man schon einen Wandel weg von autoritären Formen des Führens hin zu kooperativen (mitarbeiterorientierten) Führungsformen beobachten.
Demokratische Lebensformen machen vor den Unternehmenstoren nicht halt, und mündige, oft hochqualifizierte Mitarbeiter erwarten, auch im Unternehmen als Partner und nicht als Untergebene angesprochen und behandelt zu werden. Schließlich ist auch eine wesentliche Voraussetzung für autoritäres Führen – alles besser zu wissen und zu können als die Mitarbeiter – beim heutigen Stand der technischen und wirtschaftlichen Entwicklung entfallen. Längst wissen viele Mitarbeiter auf ihrem Fachgebiet viel besser Bescheid als ihre Vorgesetzten. Damit wandelt sich die Führungsaufgabe: Die Vorgesetzten müssen nicht bessere Fachleute als ihre Mitarbeiter sein, sondern sie müssen imstande sein, ihre Mitarbeiter zu motivieren. Sie müssen die einzelnen Spezialisten und Fähigkeiten so koordinieren, daß ein bestmögliches Ergebnis erzielt wird. Deshalb gleichen Vorgesetzte einem Dirigenten, der auch nicht alle Instrumente am besten spielen kann. Seine Aufgabe ist es vielmehr, aus den einzelnen Musikern ein harmonierendes Orchester zu machen und die Parts der Musiker zu einem Orchesterwerk zu verschmelzen.
Wie bei anderen Verhaltensweisen gibt es auch beim Führen von Mitarbeitern kein für alle Situationen gleichermaßen »richtiges« und stets erfolgreiches Führungsverhalten. Unterschiedliche Situationen erfordern unterschiedliches Führungsverhalten. Vor allem aber wollen auch die einzelnen Mitarbeiter je nach Einstellung und Veranlagung verschieden angesprochen werden. Insofern sollte man eher einen situativen Führungsstil im kooperativen Sinne praktizieren.
Woran kann man nun Führungsverhalten und Führungserfolg messen, um eine Führungskraft entsprechend beurteilen zu können?
Das Führungsverhalten können sicher die unmittelbar Geführten, die Mitarbeiter, am besten beurteilen. Sie erleben das Geführtwerden (oder Nichtgeführtwerden) täglich und direkt. Es ist aber nicht üblich, daß die Mitarbeiter ihre Vorgesetzten beurteilen. Sie haben aber durchaus Möglichkeiten, ihre Zufriedenheit oder Unzufriedenheit auszudrücken: Sie sprechen mit ihren Vorgesetzten oder mit anderen. Sie arbeiten motiviert mit, wenn sie gut geführt werden, oder sie machen »Dienst nach Vorschrift«, wenn ihr Vorgesetzter sie falsch behandelt. Sie haben geringe oder hohe Fehlzeiten. Sie bleiben lange in der Abteilung und im Unternehmen, oder sie lassen sich innerhalb des Unternehmens versetzen, oder sie kündigen. Sie sprechen innerhalb und außerhalb des Unternehmens gut oder schlecht über ihren Vorgesetzten und zugleich auch über die gesamte Firma. Für die meisten Mitarbeiter verkörpert nämlich der unmittelbare Vorgesetzte die Firma. So wie dieser Vorgesetzte sich verhält und führt, erleben die Mitarbeiter in der Regel die Firma als Gesamtheit.

Die Vorgesetzten, die eine Führungskraft beurteilen müssen, können eigentlich nur indirekt am Ergebnis den Erfolg der Führung ablesen. Hieraus schließen sie auf die Qualität des Führungsverhaltens. Da eine Führungskraft mit ihren Mitarbeitern vorgegebene Ziele erreichen und Leistungen erzielen soll, ist ein wichtiger Maßstab für das Führungsverhalten der Grad der Zielerreichung oder die erbrachte Leistung. Das »leistungsorientierte Führungsverhalten« kann an solchen Kriterien wie erreichte Ziele und erzielte Ergebnisse abgelesen werden. Das »mitarbeiterorientierte Führungsverhalten« kann aus dem »Betriebsklima« oder der »Moral der Truppe« gefolgert werden. So sind zum Beispiel unzufriedene Mitarbeiter, ein hoher Krankenstand und hohe Fluktuation ein sicherer Anzeiger dafür, daß mit der Führung etwas nicht stimmt. Deshalb können hohe Leistungen, die durch Druck trotz schlecht motivierter Mitarbeiter zustandekommen, auf längere Sicht für ein Unternehmen recht teuer werden, weil sie mit überhöhten Personalkosten bezahlt werden.

Ein Vorgesetzter, der das Führungsverhalten seiner Führungskraft beurteilen soll, kann sich folgende Fragen stellen:

- Wieweit erreichte die Führungskraft mit ihren Mitarbeitern die gesetzten Ziele?
- Mit welchem personellen Aufwand erreichte die Führungskraft die Ziele?
- Was ist über das Klima in der Abteilung bekannt?
- Wie ist die Qualifikation der Mitarbeiter?
- Hat die Führungskraft einen qualifizierten Stellvertreter?
- Stellt sie dem Unternehmen gute Nachwuchskräfte zur Verfügung?
- Hat die Führungskraft wenig Zeit, weil sie alles selbst erledigen muß?
- Wie niedrig oder hoch sind die Fehlzeiten (insbesondere der Krankenstand) und die Fluktuation?
- Kommen aus dem Zuständigkeitsbereich der Führungskraft Verbesserungsvorschläge und kreative Lösungen?

Dieser Fragenkatalog ist keineswegs vollständig. Er zeigt aber, wie ein Vorgesetzter sich ein Bild vom Führungsverhalten seiner Führungskräfte machen kann und wo er Informationen findet.

Einen Teil der Antworten kann die Personalabteilung geben. Sie hat meist Unterlagen über Fehlzeiten und Fluktuation, über die Höhe der Personalkosten und über die Qualifikation der Mitarbeiter und Nachwuchskräfte. In kleineren Unternehmen hat der Unternehmer selbst noch den Überblick über diese Daten.

Im Arbeitszeugnis kann das Führungsverhalten global angegeben werden:

»Herr K. ist eine ausgezeichnete Führungskraft, die mit ihrer Abteilung die gesetzten Ziele stets erreichte.«

»Besonders hervorheben wollen wir das kooperative Führungsverhalten von Herrn Z.«

»Herr B. verstand es ausgezeichnet, die ihm unterstellten 15 Außendienstmitarbeiter zu überdurchschnittlichen Leistungen anzuspornen.«
»Herr D. hatte in seiner Abteilung stets ein gutes Betriebsklima.«
Eigentlich sollte ein qualifiziertes Zeugnis jedoch gerade über das Führungsverhalten einer Führungskraft etwas genauer Auskunft geben. Dabei kann man auf die Ergebnisse des Führens hinweisen:
»Herr G. ist ein sehr guter Vorgesetzter. Das zeigt sich einmal an den weit überdurchschnittlichen Verkaufsleistungen, die er mit seinen Abteilungen erzielte. Mit Heimtextilien erreichte er jährliche Steigerungen von über 10 Prozent. Mit Betten kam er sogar auf Steigerungsraten von 12–15 Prozent. Das Betriebsklima in den von ihm geführten Abteilungen war stets ausgezeichnet.«
»Frau D. leitete unser zentrales Schreibbüro mit großem Geschick. Sie steigerte die Schreibleistungen ihrer Mitarbeiterinnen durch gezieltes Training und durch organisatorische Änderungen um fast 30 Prozent. Ihre Mitarbeiterinnen fühlten sich so wohl, daß die Fehlzeiten äußerst gering waren und die Fluktuation weit unter dem schon niedrigen Stand in unserem Unternehmen lag.«
»Als Frau F. die Näherei übernahm, galt gerade diese Abteilung als besonders problematisch. Frau F. schaffte es aber mit dem ihr eigenen Einfühlungsvermögen und mit erstaunlicher Durchsetzungskraft, daß sie von allen als Vorgesetzte voll akzeptiert wurde. Frau F. verstand es ausgezeichnet, auf ihre Mitarbeiterinnen einzugehen. Sie motivierte sie zu überdurchschnittlichen Leistungen und sorgte zugleich dafür, daß ein kollegiales Klima in der Näherei entstand. Heute ist die Näherei eine der bestgeführten und produktivsten Abteilungen unseres Unternehmens.«
Man kann das Führungsverhalten auch beschreiben, indem man auf die einzelnen Erscheinungsformen des Verhaltens eingeht:
»Frau R. erarbeitet mit den ihr unterstellten Verkäuferinnen klare Ziele und motiviert sie, diese Ziele auch zu erreichen. Sie plant den Personaleinsatz hervorragend und hat daher auch stets eine dem Kundenstrom entsprechende Besetzung. Dies kommt der Bedienungsqualität zugute. Sie führt selbst waren- und verkaufskundliches Training durch und hebt dadurch die Qualifikation ihrer Verkäuferinnen.
Besonderen Wert legt Frau R. auf freundliches und kundenorientiertes Verhalten ihres Verkaufspersonals. Dabei geht sie ihren Mitarbeiterinnen stets mit gutem Beispiel voran. Frau R. nimmt sich aber auch Zeit für die persönlichen Probleme ihrer Mitarbeiterinnen. Dank ihrer menschlichen und verständnisvollen Art genießt sie das volle Vertrauen ihrer Mitarbeiterinnen. Das Arbeitsklima in ihrer Abteilung ist hervorragend. Die Unternehmensleitung schätzt Frau R. als eine der besten Abteilungsleiterinnen.«
»Herr S. führte im Bereich Forschung und Entwicklung eine Gruppe von

sieben Spezialisten, die neue Anwendungsgebiete für thermoplastische Kunststoffe finden sollen. Es gelang Herrn S. durch seine verbindliche, aber bestimmte Art und seinen betont kooperativen Führungsstil, aus sieben Individualisten ein Team zusammenzuschweißen, das in der Zusammenarbeit weitaus erfolgreicher arbeitete als zuvor. So fallen in den von Herrn S. beeinflußten Zeitraum die Entwicklung von ... und die großtechnische Anwendung von ..., wodurch wir auf diesem Gebiet Marktführer wurden.
Herr S. vereint in ausgezeichneter Weise naturwissenschaftliches und betriebswirtschaftliches Denken mit psychologischem Geschick in der Mitarbeiterführung. Er wird deshalb von seinen Vorgesetzten, seinen Mitarbeitern und seinen Kollegen gleichermaßen geschätzt.«
Die ausführliche Beurteilung des Führungsverhaltens erfordert sicher einige Mühe. Es ist auch nicht einfach, die treffenden Formulierungen zu finden. Der Zeitaufwand für diesen Teil des Zeugnisses ist besonders hoch. Aber es ist auch gut genutzte Zeit: Zum einen hat es ein viele Jahre erfolgreich mitarbeitender Vorgesetzter verdient, daß man sein Wirken als Führungskraft besonders herausstellt. Zum anderen erreicht ein Unternehmen, das seinen ausscheidenden Führungskräften qualifizierte Zeugnisse schreibt, auch eine erhebliche Außenwirkung. Gerade solche Zeugnisse werden von künftigen Arbeitgebern besonders kritisch gelesen. Ein Unternehmen, das gute Führungskräfte beschäftigt und deren Wirken beim Ausscheiden dankbar würdigt, erwirbt sich Ansehen in der Öffentlichkeit. Schließlich ist es nützlich, sich gründlich klarzumachen, welche Qualität ein ausscheidender Vorgesetzter hatte. Man hat dann Anhaltspunkte, welche Anforderungen man an den Nachfolger stellen sollte.

Das Zeugnis bei Beendigung des Berufsausbildungsverhältnisses

Der ehemalige Auszubildende hat bei Beendigung des Berufsausbildungsverhältnisses einen Anspruch auf ein Zeugnis (§ 8 BBiG). Der Ausbildende muß ihm grundsätzlich dieses Zeugnis ausstellen. Es ähnelt im Aufbau dem Zeugnis für Mitarbeiter, hat im Inhalt aber einige Besonderheiten. So müssen zum Beispiel Art, Dauer und Ziel der Berufsausbildung und außerdem die während der Ausbildungszeit erworbenen Fertigkeiten und Kenntnisse angegeben werden. Diese Angaben müssen einen Außenstehenden erkennen lassen, welche Ausbildungsstationen der Auszubildende durchlaufen hat und was er dort schwerpunktmäßig gelernt hat.
Durch diese vom Gesetz erzwungene Darstellung wird selbst ein »einfaches« Ausbildungszeugnis recht ausführlich und dadurch umfangreicher als die Mehrzahl der üblichen Arbeitszeugnisse.

Auf Verlangen des Auszubildenden sind in das Ausbildungszeugnis auch Angaben über Leistung, Verhalten (Führung) und über besondere fachliche Fähigkeiten aufzunehmen. Hierdurch wird das Zeugnis zum »qualifizierten« Ausbildungszeugnis.

Der Inhalt eines Ausbildungszeugnisses kann so gegliedert werden:
- Angaben zur Person des Auszubildenden,
- Dauer des Ausbildungsverhältnisses,
- Bezeichnung (Art) und Ziel des Ausbildungsverhältnisses,
- erworbene Fertigkeiten und Kenntnisse.

Auf Verlangen des Auszubildenden sind aufzunehmen:
- Angaben über das Verhalten (die Führung),
- Angaben über die Leistung,
- Angaben über besondere fachliche Fähigkeiten.

Die Angaben zur Person umfassen Vor- und Familienname, Geburtsdatum und Geburtsort. Damit ist der Zeugnisinhaber ausreichend genau beschrieben. Als Dauer des Ausbildungsverhältnisses wird nicht die im Ausbildungsvertrag festgelegte vertragliche Dauer, sondern die tatsächliche Ausbildungszeit angeführt. Das Ausbildungsverhältnis endet mit dem Tag des Bestehens der Abschlußprüfung, die in der Regel aus einem schriftlichen und einem mündlichen Teil besteht. Wurde die Ausbildungszeit abgekürzt, sollte dies im Ausbildungszeugnis erwähnt werden, insbesondere dann, wenn die Verkürzung auf Grund guter Leistungen während der Ausbildung erfolgte. In diesem Zusammenhang sollte auch erwähnt werden, vor welcher Kammer (Industrie- und Handelskammer, Handwerkskammer) die Prüfung abgelegt wurde.

Die Bezeichnung (Art) und das Ziel des Ausbildungsverhältnisses entsprechen der Bezeichnung des Ausbildungsberufs, wie sie im Ausbildungsvertrag festgehalten ist, zum Beispiel Industriekaufmann, Zentral-, Heizungs- und Lüftungsbauer, Bekleidungsfertigerin.

Die erworbenen Fertigkeiten sind die Inhalte der Ausbildung, die durch »Tun«, das heißt durch Mitarbeiten und Selbermachen vermittelt werden. Sie entsprechen in der Regel dem »praktischen« Teil der Ausbildung:

»Herr L. lernte autogenes Schweißen« oder

»Fräulein N. lernte das Zuschneiden von einfachen Teilen wie Röcke, Hosen und Schürzen.«

In einem aussagefähigen Zeugnis wird erwähnt, ob der Ausgebildete das Gelernte kennt, kann oder beherrscht oder welchen Grad der Fertigkeit er erreicht hat:

»Fräulein G. kennt die verschiedenen Arten von Kundenkrediten.«

»Herr H. hat den gesamten Produktionsablauf in unserer Traktorenfertigung kennengelernt.«

»Fräulein M. schreibt 100 Silben Stenografie und 200 Anschläge Schreibmaschine.«
»Herr B. kann feine Soßen herstellen.«
»Herr E. beherrscht Assembler 1 und kann in dieser Programmiersprache auch schwierige Programme schreiben.«
»Fräulein S. berät die Kunden ausgezeichnet.«
Die erworbenen Kenntnisse sind die Teile des Ausbildungsstoffs, die durch Kennen, Einsehen und (gedankliches) Lernen zum Wissensstand des Auszubildenden geworden sind und die auch in der Prüfung abgefragt werden. Hierher gehören zum Beispiel die Rechtsgrundlagen des Wechselgeschäfts oder die Kundeneinwände im Verkaufsgespräch.
Angaben über Verhalten, Leistung und besondere fachliche Fähigkeiten braucht der Ausbildende nur auf Verlangen des Auszubildenden in das Ausbildungszeugnis aufzunehmen. Viele Firmen schreiben aber auch unaufgefordert zu diesen Punkten eine Beurteilung in das Zeugnis. Dadurch wird das »einfache« zum »qualifizierten« Ausbildungszeugnis. Da Ziel und Zweck eines Berufsausbildungsverhältnisses nicht nur im Vermitteln von Kenntnissen und Fertigkeiten, sondern auch in der Hinführung zur Arbeitswelt und im Vermitteln von »Arbeits- und Sozialtugenden« (und somit in einer Erziehungsaufgabe) bestehen, sollte das Ergebnis dieser Bemühungen im Ausbildungszeugnis festgehalten werden.
Das Verhalten der Auszubildenden wird im allgemeinen in zwei Richtungen beurteilt: untereinander und gegenüber den Ausbildern und den übrigen Mitarbeitern, zu denen ein häufiger Kontakt besteht. In einigen Berufen kommt auch noch das Verhalten gegenüber anderen Menschen, zum Beispiel Kunden, Kindern, Kranken und anderen hinzu.
»Herr D. zeigte sich gegenüber den übrigen Auszubildenden kameradschaftlich und hilfsbereit und gegenüber seinen Ausbildern aufgeschlossen.«
»Fräulein E. wird von allen Ausbildern wegen ihres Fleißes und ihres freundlichen Wesens gelobt. Von den übrigen Auszubildenden wird sie wegen ihrer kollegialen Art sehr geschätzt.«
»Fräulein R. bedient die Kunden so freundlich und entgegenkommend und berät sie so fachkundig, daß sie trotz ihrer Jugend von vielen Kunden als Fachberaterin sehr geschätzt wird.«
Die Leistung ist auf zwei Ebenen zu sehen: Die Lernleistung drückt aus, wie und mit welchem Einsatz der Auszubildende gelernt hat. Hier kann das Lernen am Arbeits- oder Ausbildungsplatz wie auch das Lernen im betrieblichen Unterricht beurteilt werden. Merkmale sind Fleiß, Eifer, Interesse, rasches Auffassen, Bemühen, Beharrlichkeit, Ehrgeiz und ähnliches. Die Arbeitsleistung gibt an, wie sich der Auszubildende beim Mitarbeiten eingesetzt und bewährt hat. Auch hier sind wieder Merkmale wie Fleiß, Eifer, Interesse und Geschicklichkeit oder Einsatz wichtige Hilfsgrößen für eine Beurteilung.

Entgegen manchen ideologischen Forderungen, daß Auszubildende nicht ausgenutzt werden und deshalb nicht zu echten Arbeitsleistungen herangezogen werden dürfen, erfordert eine sinnvolle Ausbildung auch das Mitarbeiten an echten Aufgaben und Arbeiten. Das motiviert die Auszubildenden weitaus mehr als noch so gute Theorie oder das Üben an Übungsbeispielen. Vor allem ist der äußerst wichtige Praxisbezug der Berufsausbildung und die Vorbereitung auf und die Hinführung zur späteren Tätigkeit nur durch echtes Mitarbeiten gewährleistet.

Besondere fachliche Fähigkeiten sind im Ausbildungszeugnis nur dann zu erwähnen, wenn sie über die im Berufsbild geforderten Fähigkeiten hinausgehen und während der Ausbildungszeit erworben wurden. Hierher könnten zum Beispiel gute Stenografie- und Schreibmaschinenkenntnisse bei einem Bürokaufmann oder Fremdsprachenkenntnisse bei einem Industriekaufmann gehören.

Es ist umstritten, wieweit sonstige Aktivitäten des Auszubildenden während der Ausbildungszeit in das Ausbildungszeugnis aufgenommen werden sollten oder dürfen. So ist die Zugehörigkeit zur Jugendvertretung – ähnlich wie die Mitwirkung eines Arbeitnehmers im Betriebsrat – nur auf ausdrücklichen Wunsch des Auszubildenden in das Zeugnis aufzunehmen. Anderer persönlicher Einsatz sollte insbesondere dann erwähnt werden, wenn er auch anderen Auszubildenden gedient hat und wenn er besonderes Engagement und Interesse erkennen läßt. Hierher könnten zum Beispiel die Leitung einer Arbeits- oder Sportgruppe oder die Mitwirkung an einer Werkzeitschrift oder einem Mitteilungsblatt für Auszubildende gehören. Grundsätzlich kann man sagen, daß nur solche Tatsachen erwähnt werden sollten, die ein gutes Licht auf den Zeugnisinhaber werfen und ihm in seiner beruflichen Entwicklung nützen.

Ausbildungszeugnis für einen Kraftfahrzeug-Mechaniker

Saarbrücken, 26. Juni 19..

Herr Wolfgang Preis, geboren am 16. Mai 19.. in Saarbrücken, wurde in der Zeit vom 01. September 19.. bis zum 26. Juni 19.. in meiner Kraftfahrzeugwerkstatt zum Kraftfahrzeug-Mechaniker ausgebildet. Er beendete seine Ausbildungszeit mit der Gesellenprüfung vor der Handwerkskammer Saarbrücken, die er mit der Gesamtnote "befriedigend" bestand.

Herr Preis lernte in meinem Betrieb sämtliche Reparaturarbeiten an Krafträdern und Personenkraftfahrzeugen kennen. Er ist in der Lage, Krafträder und Personenkraftwagen zu warten, die wesentlichen Ersatzteile auszuwechseln und alle einfacheren Reparaturen selbständig durchzuführen. Damit erfüllt Herr Preis die Voraussetzungen des Berufsbildes "Kraftfahrzeug-Mechaniker" voll. Seine Stärke ist die praktische Arbeit an den Fahrzeugen.

Herr Preis arbeitet sehr gründlich und sorgfältig. Sein Verhalten gegenüber seinen Kollegen war einwandfrei.

Herr Preis wird am 01. September 19.. seinen Wehrdienst antreten. Ich hoffe, daß er danach in meinen Betrieb zurückkehren wird.

Ich wünsche ihm für die Zukunft alles Gute.

Anton Hillmann
Kfz.-Meisterbetrieb

Dieses Ausbildungszeugnis ist kurz und knapp, aber aussagefähig und positiv. Es wird bestätigt, daß Herr Preis im Verlauf seiner dreijährigen Ausbildung zum Kraftfahrzeug-Mechaniker alle wesentlichen Tätigkeiten kennen- und auszuführen gelernt hat. Die Tätigkeiten sind schwerpunktmäßig aufgeführt. Der Leser des Zeugnisses weiß somit, was er von Herrn Preis fachlich zu erwarten hat.

Außerdem wird hervorgehoben, daß die Stärken von Herrn Preis auf dem praktischen Gebiet liegen. Vielleicht hat er im theoretischen Teil der Ausbildung (in der Berufsschule) gewisse Schwierigkeiten gehabt. Das würde auch das befriedigende Gesamtergebnis bei der Kammerprüfung erklären (nähere Einzelheiten können dem Berufsschulzeugnis und dem Prüfungszeugnis der Handwerkskammer entnommen werden).

Die Schlußformel, daß der Ausbildende Herrn Preis nach Ableistung des Wehrdienstes gern wieder in seinem Betrieb beschäftigen würde, unterstreicht den insgesamt positiven Eindruck dieses Ausbildungszeugnisses.

Ausbildungszeugnis für einen Datenverarbeitungskaufmann

Dortmund, 31. August 19..

Herr Walter Mayer, geboren am 26. Mai 19.. in Gelsenkirchen, hat in der Zeit vom 01. September 19.. bis zum 30. Juni 19.. in unserem Unternehmen die Berufsausbildung zum Datenverarbeitungskaufmann erfolgreich durchlaufen. Die Ausbildung endete mit der sehr gut bestandenen Kaufmannsgehilfenprüfung vor der Industrie- und Handelskammer in Dortmund.

Während der neunmonatigen kaufmännischen Ausbildung wurde Herr Mayer in den Bereichen Warenverrechnung, Einkauf, Versandlager, Import, Export, Finanz- und Rechnungswesen, Marketing und Personalwirtschaft eingesetzt. Er lernte die wichtigsten Aufgabengebiete dieser Bereiche kennen und arbeitete im Rahmen des Möglichen mit. Dank seiner ausgezeichneten Auffassungsgabe erwarb er sowohl einen guten Überblick über die gesamte kaufmännische Abwicklung und die Zusammenhänge in unserem Unternehmen, als auch die erforderlichen Detailkenntnisse.

Die DV-Ausbildung hatte schwerpunktmäßig die Inhalte:

1. Ausbildungsjahr
   Dreimonatige Einführung in die Datenverarbeitung in Theorie und Praxis (konventionelle Maschinen, Arbeitsplanung, Arbeit des Rechenzentrums).
2. Ausbildungsjahr
   Programmierung (Programmierlogik, normierte Programmierung, Assemblersprache, PL/1-Sprache, Job Control Language, Band-/Plattenorganisation, Grundlagenkenntnisse über Betriebssysteme), Anschließende praktische Anwendungen
3. Ausbildungsjahr
   Systemanalyse (Entscheidungstabellen, Orgware 4,

Grundlagen der Systementwicklung)
Praktische Arbeiten in Programmierung und Systemanalyse

Herr Mayer eignete sich alle Kenntnisse und Fertigkeiten an, die das Berufsbild Datenverarbeitungskaufmann fordert.
Herr Mayer zeigte stets großes Interesse an seiner Ausbildung sowie an allen Aufgaben und Tätigkeiten seines Berufes. Dank seiner guten Auffassungsgabe und seines enormen Fleißes konnte er sich sehr gute und umfassende kaufmännische und vor allem DV-Kenntnisse aneignen.
Herr Mayer erledigte alle ihm gestellten Aufgaben äußerst sorgfältig, gewissenhaft und schnell. Dabei kamen ihm sein Blick für Zusammenhänge und sein organisatorisches Geschick sehr zugute.
Herr Mayer verhielt sich gegenüber den Ausbildern und den Mitarbeitern aller Abteilungen freundlich und entgegenkommend und gegenüber seinen Mit-Auszubildenden kameradschaftlich und hilfsbereit.
Im freiwilligen Sportunterricht für Auszubildende übernahm Herr Mayer das Training der Volleyball-Gruppe. Außerdem setzte er sich als Jahrgangssprecher für die Belange seiner Mit-Auszubildenden ein.
Herr Mayer verläßt unser Unternehmen nach Beendigung seiner Berufsausbildung, um die Hochschulreife zu erlangen und anschließend Informatik zu studieren.
Wir wünschen Herrn Mayer für seine weitere Ausbildung viel Erfolg und alles Gute. Wir sind gern bereit, ihn nach seinem Studium in unserem Unternehmen zu beschäftigen.

Eisenhütte Dortmund AG
i.V. Thönissen i.V. Kalk

Dieses Ausbildungszeugnis für Herrn Mayer ist sehr ausführlich. Bei einem so vielfältigen und umfangreichen Ausbildungsberuf wie Datenverarbeitungskaufmann benötigt aber allein die Darstellung der Ausbildungsstationen und der Ausbildungsinhalte viel Platz. Sicher spielt bei der Länge dieses Zeugnisses auch eine Rolle, daß der Inhaber ein weit über dem Durchschnitt liegender Auszubildender war. Bei einem schwächeren Kandidaten hätte sich der Zeugnisaussteller sicher kürzer gefaßt (vor allem bei der Beurteilung der Leistungen und bei den Schlußformulierungen).

Da die Aufzählung der wesentlichen kaufmännischen Kenntnisse und Fertigkeiten einen sehr großen Raum eingenommen hätte, behilft sich der Zeugnisaussteller damit, daß er die einzelnen Ausbildungsstationen angibt und darauf hinweist, daß die Ausbildung den Anforderungen des Berufsbildes entspricht. Jeder Interessierte kann im Berufsbild nachlesen, welche kaufmännischen Kenntnisse und Fertigkeiten ein Datenverarbeitungskaufmann haben muß.

Aufschlußreich für den Leser des Zeugnisses ist wohl auch, wo der Auszubildende seine Ausbildungszeit verbracht hat, weil auch dies Rückschlüsse auf seine Qualifikation zuläßt. Je weniger Ausbildungsstationen er durchlaufen hat, desto mehr müßte sein Wissen in die Tiefe, bei mehr Stationen müßte es mehr in die Breite gehen (wie in diesem Fall).

Bei der DV-Ausbildung, die den weitaus größten Teil der Ausbildungszeit in Anspruch nimmt, werden die vermittelten Ausbildungsinhalte aufgezählt. Eine Aufzählung der Ausbildungsstationen brächte hier nicht viel, weil diese (DV-Schule, DV-Programmierung und DV-Betrieb) dem Leser nicht viel sagen würden. Diese Art der Darstellung ist auch deshalb sinnvoll, weil die Kenntnisse zum großen Teil in Form von Kursen und Übungen vermittelt wurden.

Die Darstellung des Leistungs-, des Lern- und des zwischenmenschlichen Verhaltens läßt erkennen, daß Herr Mayer hier von seinen Ausbildern sehr gut eingestuft wurde.

Zusätzlich werden auch weitere Aktivitäten erwähnt, die Herr Mayer im Zusammenhang mit der Ausbildung freiwillig übernommen hat. Damit wird im Zeugnis auch sein Einsatz für andere erwähnt, was sicher für die Beurteilung der Gesamtperson positiv zu Buche schlägt.

Schließlich enthält das Zeugnis auch einen Hinweis, daß Herr Mayer das Unternehmen verläßt, und den Grund des Ausscheidens: den Besuch einer weiterführenden Schule und ein anschließendes Studium. Ein solcher Ausscheidungsgrund wird allgemein anerkannt und gebilligt.

Die guten Wünsche am Schluß des Zeugnisses und vor allem das Angebot der Firma, Herrn Mayer nach Beendigung seines Studiums gern wieder einzustellen, unterstreichen noch den positiven Gesamteindruck des Zeugnisses. Mit einem solchen Ausbildungszeugnis dürfte Herr Mayer überall gute Chancen bei einer Bewerbung haben.

Ausbildungszeugnis für einen Bürokaufmann

Passau, 28. Juli 19..

Fräulein Elfriede Grundmann, geboren am 07. Oktober 19.. in Passau, wurde in unserem Unternehmen als Bürokaufmann ausgebildet. Ihre Ausbildung begann am 01. September 19.. und endete am 24. Juli 19.. mit der bestandenen Kaufmannsgehilfenprüfung (Note gut), die sie vor der Industrie- und Handelskammer Passau ablegte.

Während ihrer Ausbildung wurde Fräulein Grundmann in den Bereichen Einkauf, Verkauf Inland, Verkaufsförderung, Finanzwirtschaft, Personalwesen und in der Rechtsabteilung eingesetzt und mit den Aufgabengebieten der verschiedenen Abteilungen vertraut gemacht.

In allen Ausbildungsstationen sowie im Betriebsunterricht konnte sie sich die Kenntnisse und Fertigkeiten aneignen, die das Berufsbild des Bürokaufmanns fordert.

Fräulein Grundmann zeigte reges Interesse an ihrer Ausbildung und an den Aufgaben und Tätigkeiten ihres Berufes. Dank ihrer raschen Auffassungsgabe und ihres großen Eifers konnte sie sich gute berufliche Kenntnisse aneignen. Sie erledigte die ihr gestellten Aufgaben sorgfältig, zuverlässig und verantwortungsbewußt.

Fräulein Grundmann war wegen ihres freundlichen Wesens und ihrer Aufgeschlossenheit bei ihren Ausbildern, unseren Mitarbeitern und den anderen Auszubildenden gleichermaßen beliebt und anerkannt.

Fräulein Grundmann hat sich während ihrer Ausbildungszeit gute Stenografiekenntnisse (160 Silben) und Schreibmaschinenkenntnisse (240 Anschläge) angeeignet. Sie beherrscht Englisch in Wort und Schrift.

Maschinenfabrik Koch KG
- Berufsausbildung -

ppa. Kolb   i.V. Raabe

Dieses Ausbildungszeugnis enthält alle wesentlichen Aussagen zur Person und zum Ausbildungsverhältnis. Die erworbenen Fertigkeiten und Kenntnisse sind allerdings nur indirekt erwähnt: Die einzelnen Ausbildungsstationen lassen erkennen, daß Fräulein Grundmann in fast allen wichtigen Bereichen ihrer Ausbildungsfirma eingesetzt war. Hieraus kann man folgern, daß sie dort auch die wesentlichen betrieblichen Funktionen kennengelernt hat. Aus der guten Beurteilung ihrer Ausbildungsleistungen und ihres Verhaltens kann man zusätzlich ableiten, daß sie wohl das notwendige fachliche Wissen und Können erworben hat. Hierfür spricht auch die mit der Note »Gut« bestandene Kaufmannsgehilfenprüfung.

Außerdem bestätigt ihr die Ausbildungsfirma, daß sie sich »die Kenntnisse und Fertigkeiten aneignen konnte« (und wohl auch angeeignet hat, – in diesem Fall bedeutet die Formulierung »aneignen konnte« sicher nicht, wie oft in der Zeugnissprache, daß sie zwar die Gelegenheit hatte, sie aber nicht genutzt hat), die das in Frage kommende Berufsbild fordert. Mit dieser Umschreibung erspart sich der Zeugnisschreiber die Mühe, den umfangreichen Katalog der Lernziele des Berufsbildes aufzuzählen.

Die Beurteilung von Verhalten und Leistung ist sehr günstig. Die Ausbildungsfirma hat anstelle von allgemeinen Floskeln angegeben, worin sich diese guten Leistungen und positiven Verhaltensweisen insbesondere zeigen.

Als zusätzliche Pluspunkte wurden die vom Berufsbild nicht geforderten guten Stenografie- und Schreibmaschinenkenntnisse und die Englischkenntnisse angeführt.

Insgesamt ist dies ein wirklich gutes Ausbildungszeugnis.

Was das Zeugnis ausdrückt

Der Geheimcode

Über einen sogenannten Geheimcode in Arbeitszeugnissen ist in der Presse bereits viel geschrieben und diskutiert worden. Gewerkschaftsvertreter und Journalisten behaupten, daß sich die Eingeweihten – gewisse Arbeitgeber und die Personalchefs – mit Hilfe dieses Codes darüber informieren, wie gut oder schlecht die Zeugnisinhaber tatsächlich sind. Es wurde auch behauptet, der Code sei »geknackt«, und es wurden auch Beispiele hierfür geliefert.
Auch manche Arbeitnehmer argwöhnen, es müsse einen solchen Geheimcode geben. Wer sich häufig mit seinen recht wohlklingend formulierten Zeugnissen bewirbt, aber stets Absagen erhält, vermutet schließlich, daß mit seinen Zeugnissen etwas nicht in Ordnung sei. Vielleicht hat er Recht.
Die Arbeitgeberseite hingegen, insbesondere die Arbeitgeberverbände und die Personalchefs, bestreiten energisch die Existenz eines Geheimcodes.
Fest steht indes, daß es eine Reihe von standardisierten Formulierungen gibt, die immer wieder in Arbeitszeugnissen auftauchen und die eine andere Bedeutung haben, als der unbefangene Leser dem Wortlaut entnimmt. Wenn aber mit solchen Formulierungen etwas anderes ausgedrückt werden soll, als der ursprünglichen Wortbedeutung nach dem Text zu entnehmen wäre, dann handelt es sich wohl um einen Code. Es werden nämlich vom Schreiber gewisse Informationen chiffriert (oder codiert) und vom eingeweihten Leser wieder dechiffriert (oder decodiert). Wieweit diese Standardformulierungen allerdings die Bezeichnung »Geheimcode« verdienen, sei dahingestellt. Schließlich gibt es sehr viele Zeugnisschreiber und Zeugnisempfänger, welche die tatsächliche Bedeutung dieser Formulierungen kennen. Insofern ist dieser Code nicht mehr sehr »geheim«.
Dennoch ist er in einigen Fällen gefährlich:

- Mitarbeiter erhalten ein Zeugnis, das recht positiv klingende Formulierungen enthält. Sie nehmen widerspruchslos oder gar zufrieden dieses scheinbar gute Zeugnis entgegen und wundern sich bei späteren Bewerbungen, daß sie Absagen erhalten.
- Arbeitgeber oder Vorgesetzte kennen die Bedeutung der Formulierungen nicht und benutzen sie bei der Zeugnisformulierung in bester Absicht, weil sie einem Mitarbeiter tatsächlich ein gutes Zeugnis schreiben wollen. Der künftige Arbeitgeber aber hält sich an die weitverbreiteten Code-Formulierungen und »übersetzt« in diesem Falle falsch. Der Bewerber hat keine Chance.

- Der Zeugnisschreiber benutzt den Code. Der Zeugnisleser aber kennt den Code nicht. Er liest den Text unbefangen und stellt guten Glaubens einen ungeeigneten Mitarbeiter ein. Hier ist der künftige Arbeitgeber ein Opfer des Codes.

Es ist deshalb gut, wenn möglichst viele Arbeitgeber und Arbeitnehmer die codierten Formulierungen kennen, um sich vor den Folgen zu schützen. Je bekannter die Standardformulierungen auch bei den Mitarbeitern sind, desto weniger sind sie als Geheimcode brauchbar. Was übrigbleibt, ist schlechtes »Zeugnisdeutsch«, das niemandem nützt. Dann besteht auch die Chance, daß die standardisierten Zeugnisformulierungen wieder verschwinden und daß die Arbeitszeugnisse wieder wahrer und aussagefähiger werden. Auch sprachlich und stilistisch können die Zeugnisse dadurch nur gewinnen.

Es liegt in der Natur der Sache, daß die codierten Formulierungen hauptsächlich mittelmäßige und schwache Leistungen oder negative Verhaltensweisen umschreiben. Wer sagt schon gern – und dazu noch schriftlich – anderen Unangenehmes? Gute oder sehr gute Leistungen oder als positiv angesehene Verhaltensweisen werden schon eher unverschlüsselt und eindeutig formuliert. Am weitesten verbreitet sind die standardisierten Formulierungen mit Code-Charakter, die eine Abstufung der Leistungen etwa entsprechend einer Notenskala ausdrücken. Sie reichen von »außergewöhnlich gut« bis »nicht zufriedenstellend«. Dabei wird die gesamte Leistungsbeurteilung durch den »Flaschenhals« Zufriedenheit, Anerkennung oder Erwartung gepreßt. Entsprechend gering ist die Aussagekraft dieses Codes.

Die folgende Skala gilt für Mitarbeiter im Angestelltenverhältnis:

- Außergewöhnlich gute Leistungen:
  Wir waren mit seinen Leistungen in jeder Hinsicht außerordentlich zufrieden.
  Seine Leistungen haben in jeder Hinsicht unsere volle/vollste Anerkennung gefunden.
- Sehr gute Leistungen:
  Wir waren mit seinen Leistungen stets sehr zufrieden.
  Seine Leistungen haben unsere vollste Anerkennung gefunden.
  Seine Leistungen waren sehr gut (ist eigentlich Klartext).
  Er hat die ihm übertragenen Arbeiten/Aufgaben stets zu unserer vollsten Zufriedenheit erledigt.
  Er hat unseren Erwartungen/Anforderungen in jeder Hinsicht und in allerbester Weise entsprochen.
- Gute Leistungen:
  Wir waren mit seinen Leistungen stets zufrieden.
  Seine Leistungen haben (stets) unsere volle Anerkennung gefunden (zu sehr gut hin).
  Seine Leistungen waren gut (Klartext).

Er hat die ihm übertragenen Arbeiten/Aufgaben stets zu unserer vollen Zufriedenheit erledigt (zu sehr gut hin).
Er hat unseren Erwartungen/Anforderungen in jeder Hinsicht und in bester Weise entsprochen.
Er hat unseren Erwartungen/Anforderungen in bester Weise entsprochen (ziemlich gut).

- Befriedigende/gute Leistungen:
  Wir waren mit seinen Leistungen jederzeit zufrieden (zu gut hin).
  Er hat die ihm übertragenen Arbeiten/Aufgaben jederzeit/stets zu unserer Zufriedenheit erledigt.
  Er hat jederzeit/stets zufriedenstellend gearbeitet (zu gut hin).
- Befriedigende Leistungen:
  Wir waren mit seinen Leistungen voll zufrieden.
  Er hat die ihm übertragenen Arbeiten/Aufgaben zu unserer vollen Zufriedenheit erledigt.
  Er hat unseren Erwartungen in jeder Hinsicht entsprochen.
- Ausreichende/zufriedenstellende Leistungen:
  Wir waren mit seinen Leistungen zufrieden.
  Er hat die ihm übertragenen Arbeiten/Aufgaben zu unserer Zufriedenheit erledigt.
  Er hat zufriedenstellend gearbeitet.
- Mangelhafte Leistungen:
  Seine Leistungen haben unseren Erwartungen entsprochen (schlecht).
  Er hat unseren Erwartungen entsprochen (schlecht).
  Er hat die ihm übertragenen Arbeiten/Aufgaben im großen und ganzen zu unserer Zufriedenheit erledigt.
- Unzureichende Leistungen:
  Er hat sich stets bemüht, unseren Erwartungen zu entsprechen.
  Er bemühte sich, unseren Anforderungen zu entsprechen.
  Er hat sich bemüht, die ihm übertragenen Arbeiten/Aufgaben zu unserer Zufriedenheit zu erledigen.
  Er bemühte sich mit großem Fleiß, die ihm übertragenen Arbeiten/Aufgaben zu unserer Zufriedenheit zu erledigen.
  Er erledigte die ihm übertragenen Arbeiten/Aufgaben mit Fleiß und war stets bestrebt/bemüht/willens, sie termingerecht zu erledigen.

Für Lohnempfänger gibt es eine ähnliche Skala:

- Stufe 1–2
  Mit seinem Fleiß, seinen Leistungen und seiner Führung waren wir in jeder Hinsicht zufrieden.
- Stufe 2
  Mit seinem Fleiß, seinen Leistungen sowie seiner Führung waren wir sehr zufrieden.

- Stufe 2–3
  Mit seinem Fleiß, seinen Leistungen sowie seiner Führung waren wir zufrieden.
- Stufe 3
  Mit seinen Leistungen und seiner Führung waren wir zufrieden.
- Stufe 3–4
  Seine Leistungen und seine Führung waren befriedigend.
- Stufe 4
  Wir bestätigen Herrn . . ., geboren am . . ., daß er vom . . . bis . . . bei uns als . . . beschäftigt war.

Da es schon länger üblich ist, Mitarbeitern mit Angestelltentätigkeiten qualifizierte Zeugnisse auszustellen und überhaupt für diesen Personenkreis häufiger qualifizierte Zeugnisse verfaßt werden, gibt es hier eine weitaus größere Vielfalt an Formulierungen.
Eine Besonderheit bei Angestelltenzeugnissen ist der sprachliche Unsinn, das Eigenschaftswort »voll« zu steigern: »vollste Zufriedenheit« oder »vollste Anerkennung«. Voller als voll geht wohl nicht. Wer jedoch seinem Mitarbeiter eine sehr gute Leistung bescheinigen will, muß sich schon dieser Unart anpassen, weil er mit »voll« seinem Mitarbeiter nur eine gute Leistung bestätigt. Der sprachlich bessere Ausweg wäre jedoch, die sehr gute Leistung mit anderen, nicht codierten Formulierungen auszudrücken. Er könnte zum Beispiel so schreiben:
»Herr A. gehört zur Spitzengruppe unserer Verkäufer.«
»Herr B. ist einer unserer besten . . .«
»Herrn W.s Leistungen liegen weit/erheblich über denen seiner Kollegen.«
Die Beschreibungen in der Skala für Lohnempfänger sind in den einzelnen Stufen etwas weniger hoch angesiedelt. Mangelhafte Leistungen (Stufe 4) werden nicht mehr formuliert. In einem solchen Fall wird meist nur noch ein einfaches Zeugnis ausgestellt.
Besonders häufig werden durchschnittliche und schlechtere Leistungen umschrieben. Hier weichen die Zeugnisaussagen und die Bedeutung dieser Aussagen oft erheblich voneinander ab.

Aussage im Zeugnis	*tatsächliche Bedeutung*
Er hat alle Arbeiten ordnungsgemäß erledigt.	Er ist ein Bürokrat. Eigeninitiative ist nicht seine Stärke.
Er erledigte alle Arbeiten mit großem Fleiß und Interesse.	Er war eifrig, aber nicht besonders tüchtig.

Aussage im Zeugnis	*tatsächliche Bedeutung*
Wegen seiner Pünktlichkeit war er stets ein gutes Vorbild.	Seine Leistungen liegen unter dem Durchschnitt. Er war in jeder Hinsicht eine Niete.
Er ist ein zuverlässiger/gewissenhafter Mitarbeiter.	Er ist zur Stelle, wenn man ihn braucht, aber er ist nicht immer brauchbar.
Er erfüllte seine Aufgaben zu unserer Zufriedenheit.	Mäßige aber brauchbare Leistung.
Er hat sich im Rahmen seiner Fähigkeiten eingesetzt.	Er hat getan, was er konnte, aber das war nicht viel.
Er hat sich bemüht, seinen Aufgaben gerecht zu werden.	Guter Wille, mehr aber auch nicht, ungenügende Leistungen.
Er war immer mit Interesse bei der Sache.	Er hat sich angestrengt, aber nichts geleistet. Man kann ihm nichts vorwerfen, aber man kann auch nichts von ihm erwarten.
Er zeigte für seine Arbeit Verständnis.	Er gehörte nicht zu den fleißigen Mitarbeitern. Er war faul und hat nichts geleistet.

Diese Formulierungen im Leistungsbereich lassen bereits die ganze Fragwürdigkeit codierter Formulierungen erkennen. Zumindest liegen die Aussagen von der Sprachlogik und vom allgemeinen Sprachgebrauch her einige Stufen besser als der Schreiber sagen will (immer vorausgesetzt, er kennt diese Codierung und verwendet sie bewußt). In einigen Fällen sagen sie aber auch etwas ganz anderes aus, als geschrieben wurde. Wenn zum Beispiel die besondere Pünktlichkeit lobend hervorgehoben wird, damit aber gesagt werden soll, daß die Leistungen unter dem Durchschnitt liegen oder sogar, daß der Zeugnisinhaber in jeder Hinsicht eine Niete sei, ist das schon eine starke Irreführung des Zeugnisinhabers wie des unerfahrenen Zeugnislesers. Ebenso verhält es sich mit der Bestätigung von »Interesse bei der Sache«, das im Klartext Anstrengung ohne entsprechende Leistung ausdrücken soll.
Wenn die codierte Aussage den tatsächlichen Leistungen des Mitarbeiters entspricht und solche Zeugnisse immer nur von kundigen Zeugnislesern entschlüsselt würden, könnte man hier zumindest von einer unfairen Art der Zeugnisschreibung sprechen. Sie würde aber keinen ungerechtfertigten Schaden anrichten, weil die Leistungen des Mitarbeiters eben nicht besser

waren. Getäuscht werden aber auch alle Arbeitgeber, die diesen Code nicht kennen und die Zeugnisaussagen für bare Münze nehmen. Sie stellen unter Umständen einen Mitarbeiter ein, den sie bei Kenntnis seiner Schwächen nicht genommen hätten.
Waren die Leistungen des Mitarbeiters aber nicht so schwach (und kennt dieser die wahre Bedeutung des Codes nicht), dann ist diese Art der Formulierung eine bewußte Schädigung und ein Betrug des Mitarbeiters. Er kann sich nämlich nicht rechtzeitig wehren und hat ein Zeugnis in der Hand, das sein Fortkommen erschwert oder sogar unmöglich macht.
Ebenfalls negative Folgen können diese und ähnliche Formulierungen aber auch haben, wenn weniger erfahrene Zeugnisschreiber sie im guten Glauben, etwas Positives auszudrücken, zufällig oder weil sie diese Formulierungen in anderen Zeugnissen gelesen und für gut gehalten haben, in einem Zeugnis verwenden. Ein Leser, der die Bedeutung des Codes kennt, deutet dann nämlich das Zeugnis falsch. Der ahnungslose Bewerber aber bleibt auf der Strecke.
Bei den durchschnittlichen oder unterdurchschnittlichen Beurteilungen im Verhaltensbereich sieht es ähnlich aus:

Aussage im Zeugnis	*tatsächliche Bedeutung*
Mit seinen Vorgesetzten ist er gut zurechtgekommen.	Er ist ein Mitläufer und Jasager, der sich gut anpaßt.
Er war tüchtig und wußte sich gut zu verkaufen.	Er ist ein unangenehmer Mitarbeiter.
Wir lernten ihn als umgänglichen Kollegen kennen.	Viele Mitarbeiter sahen ihn lieber von hinten als von vorn; er ging vielen Mitarbeitern auf den Wecker.
Er galt im Kollegenkreis als toleranter Mitarbeiter.	Für Vorgesetzte war er ein schwerer Brocken.
Durch seine Geselligkeit trug er zur Verbesserung des Betriebsklimas bei.	Er neigt zu übertriebenem Alkoholgenuß.
Er (sie) bewies für die Belange der Kollegen/Kolleginnen/Belegschaft stets Einfühlungsvermögen.	Er (sie) sucht Sexkontakte bei Betriebsangehörigen.
Für die Belange der Belegschaft bewies er (sie) umfassendes Einfühlungsvermögen.	Er ist homosexuell/sie ist lesbisch.

Was zu den Formulierungen im Leistungsbereich gesagt wurde, gilt auch hier: solche codierten Aussagen sind mehr als fragwürdig und gefährlich. Die irreführenden, positiv klingenden Aussagen über das Verhalten gegenüber Kollegen sind unvertretbar. Die Andeutungen über das sexuelle Verhalten bedeuten eine Bloßstellung der privaten Sphäre, die einen künftigen Arbeitgeber überhaupt nichts angehen. Solche Praktiken kann man nur als hinterhältig und arglistig bezeichnen.
Zum Glück bedienen sich nur wenige Arbeitgeber dieser extremen Beispiele von unaufrichtigen Formulierungen, und es ist zu hoffen, daß diese bald völlig aus Arbeitszeugnissen verschwinden.
Wie konnte es aber überhaupt zu den zahlreichen codierten, meist sprachlich sehr schwachen Formulierungen kommen?
Die Hauptursache ist sicher bei der Rechtsprechungspraxis der Arbeitsgerichte zu suchen. Die Arbeitsgerichte fordern auf der einen Seite wohlwollend formulierte Zeugnisse, die dem Arbeitnehmer künftiges Fortkommen nicht erschweren oder gar verhindern. Auf der anderen Seite aber bestehen sie auch auf der Zeugniswahrheit. Künftige Arbeitgeber sollen nicht über tatsächliche Schwächen und schwerwiegende Mängel in der Person von Bewerbern getäuscht werden. Grundsätzlich tendieren die Arbeitsgerichte mehr zum Wohlwollen hin als zur Wahrheit.
Aus dem Bemühen, Arbeitszeugnisse mit einem gewissen Wohlwollen zu formulieren, zugleich aber nicht wegen Täuschung eines künftigen Arbeitgebers schadensersatzpflichtig zu werden, entstanden und entstehen viele der angegriffenen Formulierungen.
Auch auf dem Gebiet der Zeugnisformulierung und der Zeugnisdeutung schreitet die Rechtsprechung weiter. So soll nach Ansicht des Bundesarbeitsgerichtes zum Beispiel die Aussage: »Herr X. hat sich Mühe gegeben, die ihm übertragenen Arbeiten zu meiner Zufriedenheit zu erledigen. Er war pünktlich, ehrlich und fleißig« den Eindruck erwecken, die Leistungen hätten in Wirklichkeit den Arbeitgeber nicht zufriedengestellt. Der Arbeitgeber mußte sie durch positivere und vor allem eindeutigere Formulierungen ersetzen.
Viele dieser positiven, »geschönten« Aussagen beruhen auch darauf, daß manche Arbeitgeber langwierigen und lästigen Auseinandersetzungen mit ihren Mitarbeitern wegen ungünstiger Zeugnisformulierungen aus dem Wege gehen wollen. Lieber weichen sie auf solche positiv klingenden Formulierungen aus und handeln sich damit Ruhe ein. Zugleich hoffen sie, daß kundige Leser schon erkennen, was das Zeugnis tatsächlich aussagen soll.
Schließlich bedeuten manche Standardformulierungen der »Zeugnissprache« für Schreiber wie Leser eine erhebliche Vereinfachung. Mit einer einzigen Formulierung oder einem Satz können sie ausdrücken, ob der Zeugnisinhaber Spitze, sanftes Mittelmaß oder gar unterdurchschnittlich ist. Eine Aus-

sage wie: »Stets zu unserer vollsten Zufriedenheit« ist zwar miserables Deutsch, sie signalisiert aber dem Zeugnisleser, daß er es hier mit einem sehr guten Kandidaten zu tun hat. Der Zeugnisschreiber aber hat sich mühsame Gedanken- und Formulierungsarbeit erspart, weil er nicht im einzelnen auszudrücken brauchte, warum und worin der Zeugnisinhaber sehr gut ist.
Der Leser sieht ebenfalls auf einen Blick, wo er den Bewerber grob einstufen kann.
Ein wesentlicher Nachteil solcher Pauschalurteile liegt aber auf der Hand: Sie sind wenig aussagefähig, weil sie nicht erkennen lassen, wo die Stärken oder Schwächen des Beurteilten liegen. Ein Pauschalurteil wird weder dem Mitarbeiter gerecht, noch dient es dem Interesse eines künftigen Arbeitgebers. Dieser findet für schwerwiegende personelle Entscheidungen im Zeugnis nur dürftige Informationen.
Es spricht deshalb vieles dafür, in Arbeitszeugnissen klar und deutlich zu sagen, wo die besonderen Stärken und die eventuellen Schwächen eines Mitarbeiters liegen. Sehr gute oder gute Mitarbeiter haben es verdient, ein wirklich aussagefähiges Zeugnis zu erhalten. Diesen letzten Dienst ist ein Arbeitgeber einem ausscheidenden bewährten Mitarbeiter schuldig.
Auch einem nicht so guten Mitarbeiter sollte man – mit vertretbarem Wohlwollen – ein insgesamt positives, jedermann verständliches Zeugnis schreiben. Mit mehr Zeugnisklarheit, verbunden mit wohlwollender Wahrheit, ist allen Beteiligten am meisten gedient: dem künftigen Arbeitgeber, weil er weiß, was er von einem Bewerber erwarten kann und was nicht; dem Mitarbeiter, weil er seine Möglichkeiten realistischer einschätzt und nicht wegen eines zu positiv formulierten Zeugnisses unrealistische Karriereziele anstrebt und daran scheitert.

Was kann man »zwischen den Zeilen« eines Zeugnisses lesen?

Häufiger als durch die Verwendung von Codes versuchen Personalleute durch Weglassen positiver Beurteilungen anderen Personalleuten zu signalisieren, wo die Schwächen des Zeugnisinhabers liegen. Diese Form der Verschlüsselung, die man die »Kunst des Weglassens« nennen könnte, setzt beim Schreiber und noch mehr beim Leser das Wissen voraus, worauf es bei der jeweiligen Tätigkeit oder Aufgabe ankommt. Anderenfalls geht die »Botschaft« beim Leser unter.
Einige Weglassungen sind sehr augenscheinlich. Wenn eine positive Aussage fehlt, die jedermann erwartet, werden die Zeugnisleser mißtrauisch. Sie vermuten – häufig zu Recht – daß hier Negatives bewußt verschwiegen wird. Wird

zum Beispiel in keinem Wort das gute Verhältnis zu Vorgesetzten oder Kollegen erwähnt, weiß ein geübter Zeugnisleser sofort, daß es da Schwierigkeiten gab. Wird nichts über die Ehrlichkeit ausgesagt, wo diese zur Berufsvoraussetzung gehört (zum Beispiel bei einer Kassiererin), geht bei den Zeugnislesern sofort die rote Warnlampe an.
Grundsätzlich sollten in jedem Zeugnis zu folgenden Punkten – möglichst natürlich positive – Aussagen stehen:

- die genaue Dauer des Arbeitsverhältnisses,
- eine ausführliche Beschreibung der Tätigkeiten,
- die Würdigung mindestens einer starken Seite,
- die exakte Beurteilung des Verhaltens gegenüber Vorgesetzten und Mitarbeitern,
- das Führungsverhalten (nur bei Führungskräften),
- die Angabe, wer gekündigt hat und der Grund der Kündigung,
- Bedauern über das Ausscheiden des Mitarbeiters,
- gute Wünsche für den weiteren beruflichen Werdegang des Mitarbeiters.

Die Formulierung der Dauer des Beschäftigungsverhältnisses ist wenig umstritten. Hier gibt es auch nur wenige Manipulierungsmöglichkeiten. Hatte der Mitarbeiter erhebliche Fehlzeiten, steht im Zeugnis manchmal anstatt »Herr Z. arbeitet/war beschäftigt von ... bis« die Formulierung: »Das Arbeitsverhältnis des Herrn Z. dauerte von ... bis«.
Bei der Beschreibung der Tätigkeiten ist für eine unvollständige Wiedergabe der wichtigsten Einzelaufgaben ein weiter Spielraum. Auf der anderen Seite ist in manchen Fällen eine gute Sachkenntnis des Zeugnislesers notwendig, um die Lücken zu entdecken. Man kann allerdings davon ausgehen, daß Arbeitgeber, die eine bestimmte Position besetzen wollen, auch wissen, auf welche Anforderungen und fachlichen Voraussetzungen es ankommt. Sie werden zumindest darauf achten, ob im Zeugnis hierzu positive Aussagen stehen. Augenfällig werden fehlende wichtige Aussagen vor allem dann, wenn weniger Wichtiges deutlich hervorgehoben wird. Steht zum Beispiel im Zeugnis einer Sekretärin, daß sie die Eingangs- und Ausgangspost sortierte und nach Diktat die Korrespondenz erledigte, dann hat die Zeugnisinhaberin wohl kaum als qualifizierte Sekretärin, sondern vermutlich als Stenokontoristin gearbeitet.
Grundsätzlich sollte man sich als Zeugnisleser mehr auf die erwähnten Tätigkeiten verlassen als auf die manchmal etwas schwammigen oder vieldeutigen Berufsbezeichnungen.
Da Zeugnisse im Regelfall wohlwollend formuliert werden, sollten sie auch Hinweise auf eine oder mehrere Stärken des Zeugnisinhabers enthalten. Fehlen diese, muß man sich fragen, ob dies eine Nachlässigkeit des Zeugnis-

schreibers ist oder Absicht. Denn schließlich hat jeder Mensch auch im Berufsleben nicht nur schwache, sondern auch stärkere Seiten. Diese können im fachlichen Bereich liegen: Er kann ein anerkannter Fachmann auf einem Gebiet sein, oder er kann zum Beispiel außergewöhnliche organisatorische Fähigkeiten haben, ein gewandter Verhandler sein, Fremdsprachen sprechen oder geschickt verkaufen.
Die Stärken können auch im Verhaltensbereich liegen. Vielleicht wirkt der Mitarbeiter ausgleichend in Streitfällen, meldet sich zu Sonderaufgaben oder ist ein Vorbild an Loyalität gegenüber der Firma.
Die im Zeugnis erwähnte starke Seite sollte aber auch eine wichtige Seite sein. Allgemein erwartete und beinahe selbstverständliche Stärken sollten nicht erwähnt werden. Es kann nämlich ausgesprochen negativ ausgelegt werden, wenn über einen Mitarbeiter nichts anderes Positives angeführt wird als zum Beispiel solche allgemeinen »Arbeitstugenden« wie Pünktlichkeit, Korrektheit oder Ehrlichkeit.
Auch mit der Erwähnung von eigentlich schätzenswerten Eigenschaften wie Selbständigkeit im Denken und Handeln, eigener Meinung oder kritischem Denken wollen manche Zeugnisschreiber etwas anderes ausdrücken: Sie wollen den Zeugnisleser vielleicht vor einem »schwierigen« Mitarbeiter warnen. Die Problematik liegt hier aber darin, daß der Zeugnisleser die persönlichen Wertvorstellungen des Zeugnisschreibers nicht kennt und daher nicht weiß, wie er solche Äußerungen richtig deuten soll.
Ähnlich schwierig ist auch die Deutung des Führungsverhaltens. Hier sollte ein aussagefähiges Zeugnis Angaben darüber enthalten, wie der Zeugnisinhaber führt (Führungsstil, Einstellung zur Leistung und zu den Mitarbeitern), welche Führungserfolge er erzielt hat, wieviele Mitarbeiter er führte und welche Qualifikation seine Mitarbeiter haben. Fehlen über dieses wichtige Gebiet Angaben, kann dies bedeuten, daß sich der Beurteilte als Führungskraft nicht bewährt hat, sondern daß er eher ein qualifizierter Sachbearbeiter im Vorgesetztenrang war.
Vermerke über den Grund der Beendigung des Arbeitsverhältnisses müssen nicht unbedingt in das Arbeitszeugnis aufgenommen werden. Sie sind ohnehin nur Bestandteil eines qualifizierten Zeugnisses. Fehlen jedoch diese Angaben, wird der Leser seine Vermutungen anstellen: Wurde dem Mitarbeiter gekündigt, eventuell sogar fristlos? Oder wurde dem Mitarbeiter nahegelegt, selbst zu kündigen? Oder hat der Mitarbeiter selbst fristlos gekündigt (was allerdings äußerst selten vorkommt)? Unklarheiten über die Art der Kündigung und den Kündigungsgrund lassen fast immer den Argwohn des Zeugnislesers wachwerden, daß sich der Mitarbeiter etwas hat zuschulden kommen lassen oder daß es zumindest Probleme in der Zusammenarbeit gegeben hat. In Verbindung mit anderen Passagen des Zeugnisses, zum Beispiel Aussagen über Leistungen und Verhalten, kann der Leser eventuell kombinieren,

daß der Mitarbeiter wegen schlechter Leistungen, strafbarer Handlungen, Trunksucht oder aus Verhaltensgründen entlassen wurde.
Fehlen Aussagen des Bedauerns über das Ausscheiden des Mitarbeiters und gute Wünsche für den weiteren beruflichen Werdegang, kann man mit einiger Sicherheit davon ausgehen, daß der ehemalige Arbeitgeber das Ausscheiden des Mitarbeiters nicht bedauert. Die wirklichen Gründe lassen sich aber nur aus anderen Teilen des Zeugnisses folgern. Sie liegen ebenfalls meist im Bereich der Leistungen oder des Verhaltens.
Das Lesen »zwischen den Zeilen« eines Zeugnisses kann ebenso aufschlußreich sein wie das Lesen des eigentlichen Zeugnistextes. Es besteht jedoch immer die Gefahr der Fehldeutung. Deshalb sollte man das Zeugnis hinterfragen, im Einstellungsgespräch beim Beurteilten und beim früheren Arbeitgeber. Meist ist der Zeugnisaussteller durchaus bereit, über den Zeugnisinhalt hinaus Auskünfte zu erteilen. Manchmal besteht die zusätzliche Auskunft auch nur im »beredten Schweigen«.

Zum Abschluß noch einige Originalzitate aus Arbeitszeugnissen. Hier wird dem Leser durch Weglassen wichtiger Aussagen, durch Hervorheben von Nebensächlichkeiten oder durch einseitiges Betonen von durchaus als positiv angesehenen Verhaltensweisen ein Hinweis gegeben, daß der Zeugnisinhaber kritisch betrachtet werden muß. Was die Zeugnisschreiber tatsächlich meinten, im Zeugnistext aber verschwiegen, ist vom Verfasser in Klammern ergänzt.
»Wir bestätigen, daß Herr G. mit Fleiß, Ehrlichkeit und Pünktlichkeit (aber ohne fachliche Qualifikation) an seine Aufgaben herangegangen ist und Vorgesetzten und Kollegen gegenüber durch seine aufrichtige und anständige Gesinnung (aber nicht durch seine Tüchtigkeit) ein angenehmer Mitarbeier wurde.«
»Herr A. hat an allen ihm gestellten Aufgaben mit großem Fleiß (wenn auch erfolglos) gearbeitet und dabei (manchmal sogar) auch brauchbare Vorschläge gemacht.«
»Allen Aufgaben in unserem Betrieb hat sich Frau R. stets mit Begeisterung (aber ohne Erfolg) gewidmet.«
»Wir schätzen Fräulein A. als eine eifrige Mitarbeiterin, welche die ihr gemäßen (nämlich anspruchslosen) Aufgaben schnell und sicher bewältigte.«
»Bei der Einführung unseres neuen Universalreinigungsmittels »Rasant« hat sich Herr W. mit ganzer Kraft eingesetzt und damit bewiesen, daß er ein guter Verkäufer sein kann (was er im Regelfall nicht ist).«
»Herr B. hat sich den ihm gestellten Aufgaben mit Fleiß unterzogen. Besonders hervorheben wollen wir seine Pünktlichkeit (denn sonst ist nichts Lobenswertes zu sagen).«
»Wir bestätigen Frau G. gern, daß sie sich den ihr übertragenen Arbeiten stets

mit Eifer (aber ohne Erfolg) gewidmet und unserer Firma reges Interesse entgegengebracht hat (geleistet hat sie jedoch nichts).«
»Wir haben Herrn M. die Gelegenheit geboten, sich in alle Aufgaben gründlich einzuarbeiten (aber er hat das nicht geschafft).«
»Es war vorgesehen, daß Herr K. die Nachfolge unseres Lagerleiters antreten sollte (aber er hat sich hierfür nicht geeignet).«

Die Auswertung des Zeugnisses durch den neuen Arbeitgeber

Für einen Arbeitgeber ist ein Zeugnis *eine* Informationsquelle innerhalb der Bewerbungsunterlagen, um sich an den bestgeeigneten Bewerber für eine Stelle heranzutasten. Welche Bedeutung der Arbeitgeber dem einzelnen Zeugnis beimißt, ist sehr verschieden: Es hängt zum Beispiel davon ab,

- wie oft er mit Bewerbungen und Zeugnissen zu tun hat und wieweit er Zeugnisse zu lesen und zu deuten versteht,
- welche Art von Zeugnissen er selbst schreibt (aussagefähige, vorsichtige, »magere«, verschlüsselte, »geschönte«),
- welche Erfahrungen er bisher mit Zeugnissen gemacht hat,
- für welche Position das Zeugnis ausgestellt wurde,
- welche Firma (namhaftes Großunternehmen oder unbekannter Kleinbetrieb) und wer dort das Zeugnis geschrieben (zumindest aber unterschrieben) hat (Inhaber, Geschäftsleitungsmitglied, Personalchef, Personalsachbearbeiter).

Je nach Einstellung und Erfahrung geht der Arbeitgeber mit unterschiedlichen Vorstellungen, Informationswünschen, Interessen oder Vorbehalten an Zeugnisse heran.
Welche Informationen kann ein erfahrener Zeugnisleser aus einem Zeugnis herausholen?
Das Zeugnis besteht grob gesehen aus zwei Teilen von unterschiedlichem Gehalt und Aussagewert:

1. Die Arbeits- oder Dienstbescheinigung (entspricht etwa dem einfachen Zeugnis)

Sie ist gesetzlich vorgeschrieben und hat dokumentarischen Wert, weil hier reine Tatsachen beschrieben werden, die über jeden Zweifel erhaben sind (sein sollten).
Sicher ist der erste Teil mit den Angaben über die Personalien absolut problemlos. Auch die angegebene Dauer der Beschäftigung hat noch dokumentarischen Charakter. Allerdings kann man dem angegebenen Zeitraum nicht

entnehmen, ob der Mitarbeiter auch tatsächlich gearbeitet hat oder ob hier Fehlzeiten oder Abwesenheit (längere Krankheit, mehrmonatige Freistellung von der Arbeit vom Tag der Kündigung bis zum Ende der vertraglichen Dienstzeit – das kommt bei Führungskräften und Spezialisten gar nicht selten vor) vorliegen. Mit Hilfe der bestätigten Dienstzeit kann man aber auf jeden Fall nachprüfen, ob die Angaben über die Tätigkeitszeiten im Lebenslauf oder im beruflichen Werdegang stimmen. Hier können Lücken oder Schwindeleien entdeckt werden.

Die Länge der Tätigkeit im Unternehmen und auch an bestimmten Arbeitsplätzen hat einige Aussagekraft. Sie signalisiert zum Beispiel Seßhaftigkeit oder Mobilität, Spezialistentum oder vielseitige Einsetzbarkeit. Ein Zeugnis sagt aber meist noch wenig aus; erst eine Reihe von Zeugnissen läßt tiefere Schlüsse zu. Auch sind eine Reihe von Wechseln (innerhalb eines Unternehmens oder von Unternehmen zu Unternehmen) unterschiedlich zu bewerten. Was am Beginn einer beruflichen Laufbahn durchaus positiv zu sehen ist, kann später negativ ausgelegt werden; im einen Fall kann es geplanter persönlicher Aufbau, im anderen Fall Kennzeichen eines unsteten »Wandervogels« sein. Im Einzelfall richtig deuten, ist oft schwierig.

Deutungsprobleme treten auch bei den Tätigkeitsbezeichnungen und Funktionsbeschreibungen auf. Bei Allerweltsbezeichnungen (zum Beispiel Sachbearbeiter, Kontoristin, Außendienstleiter, Führungskraft) oder betrieblichen Rangbezeichnungen (zum Beispiel kann ein Abteilungsleiter in einem Industriebetrieb oder einer Verwaltung schon eine gewichtige Stellung innehaben, in einem Warenhaus ist er noch Tarifangestellter) fällt es dem Zeugnisleser oft schwer, sich ein zutreffendes Bild zu machen. Die Inflation an Titeln und »gehobenen« Funktionsbezeichnungen führt manchen Zeugnisleser in die Irre: Chefsekretärin, Sonderbeauftragte, Leiter von . . . , Abteilungsdirektor, Direktor – dahinter kann sich viel und wenig verbergen. Steht im Zeugnis *was* die oder der Betreffende *getan* hat und welche Befugnisse er hatte, sieht man schon klarer.

Je besser sich der Zeugnisleser in der Wirtschaft, in den einzelnen Sparten und Berufen und in den jeweiligen besonderen Gepflogenheiten auskennt, desto genauer kann er sich ein Bild machen. In Zweifelsfragen hat er aber immer die Möglichkeit, sich notfalls bei der betreffenden Firma eine Auskunft zu holen.

Die Erläuterung des Aufgabengebiets in Verbindung mit der Zeitdauer der Beschäftigung in der jeweiligen Position gibt ein recht verläßliches Bild über die fachliche Qualifikation, Bewährung, Erfolg, Vertrauenswürdigkeit, Vielseitigkeit oder Mobilität. War zum Beispiel ein Mitarbeiter in der gleichen Firma zunächst sechs Jahre Vertriebsbeauftragter (offenbar ein guter Verkäufer) und anschließend ein halbes Jahr Außendienstleiter (offenbar wegen Bewährung in früherer Position aufgestiegen), und verläßt er dann die Firma,

dann hat er sich wohl in der Führungsposition nicht bewährt. Dies gilt insbesondere, wenn er im »beiderseitigen Einvernehmen« ging oder wenn ihm offen gekündigt wurde.
Sind mehrere Tätigkeiten oder Positionen in einer Firma erwähnt, ist noch aufschlußreich, ob diese in einer aufsteigenden oder absteigenden Linie liegen oder ob sie in keinem erkennbaren Zusammenhang zueinander stehen. Letzteres kann ein gutes Zeichen sein (Mobilität, Vielseitigkeit, universelle Einsetzbarkeit, Förderung durch ein job-rotation-Programm – das sollte dann aber auch erwähnt sein) oder aber auch ein schlechtes Zeichen (der Mitarbeiter wurde weggelobt, weitergereicht oder bekam noch eine letzte Bewährungschance).
Mehr Aufschluß erhält der Zeugnisleser, wenn er mehrere aufeinanderfolgende Zeugnisse vergleichen kann. Wenn sich hier die Beschreibungen bestätigen oder ergänzen, nimmt die Sicherheit der Deutung zu. Außerdem werden die Zeugnisangaben mit anderen Informationen (Lebenslauf, beruflicher Werdegang, Stellenbeschreibung, Auskünfte des früheren Arbeitgebers) verglichen, um Übereinstimmung oder Abweichungen und Ungereimtheiten zu ermitteln.

2. Die Beurteilung von Leistungen und Verhalten

Einfache Zeugnisse enden mit der Beschreibung des Aufgabengebiets und der Tätigkeiten. Die fehlende Beurteilung von Leistungen und Verhalten kann und wird von den verschiedenen Zeugnislesern sehr unterschiedlich beurteilt und bewertet werden.
In manchen Wirtschaftszweigen ist es vor allem bei gewerblichen Arbeitnehmern üblich, nur einfache Zeugnisse auszustellen. Auch für einfache Tätigkeiten im Angestelltenbereich werden häufig nur einfache Zeugnisse ausgestellt. Schließlich werden für nur kurze Beschäftigungszeiten qualifizierter Mitarbeiter ebenfalls nur einfache Zeugnisse geschrieben, wenn die Zeit für eine fundierte Aussage über Leistungen und Verhalten nicht ausreicht. Im letzteren Fall macht sich der Leser Gedanken darüber, warum das Arbeitsverhältnis so kurz war (Probezeit nicht bestanden? Probleme mit Vorgesetzten oder Mitarbeitern? Versprechungen des Arbeitgebers nicht eingehalten?). In all diesen Fällen aber erwartet der Leser eines Zeugnisses keine Beurteilung der Person und mißt dem Fehlen keine besondere Bedeutung bei.
Überall dort aber, wo man eigentlich Aussagen über Leistungen und Verhalten erwarten müßte und wo der künftige Arbeitgeber an solchen Informationen interessiert ist, wird das Fehlen registriert und bewertet. Die häufigste Vermutung ist, daß Arbeitgeber und Arbeitnehmer bewußt auf die Beurteilung verzichtet haben, weil nichts Positives oder sogar nur Negatives zu sagen gewesen wäre. Vielleicht vermutet man auch, der Zeugnisschreiber und der

Empfänger hätten nur nicht gewußt, daß zu einem aussagefähigen Zeugnis auch eine Beurteilung gehört. Auch dies wird kaum positiv bewertet.
Auf die Beurteilung von Leistungen und Verhalten durch den Zeugnisschreiber wurde in den Kapiteln »Die Beurteilung der Leistung« und »Die Beurteilung des Verhaltens« ausführlich eingegangen. Es ist nur die Frage, ob und wieweit der Zeugnisleser die Aussagen so versteht, wie sie der Schreiber formuliert und vor allem gemeint hat.
So können bestimmte Aussagen verschlüsselt (codiert) sein oder zumindest so klingen (siehe auch das Kapitel »Der Geheimcode«). Der Leser hat nun das Problem, nicht zu wissen, ob der Schreiber auch den Code kannte und bewußt verwendet hat. Im Regelfall wird er dies annehmen und die Formulierungen in diesem Sinne entschlüsseln. Hatte der Schreiber aber nur zufällig eine der typischen »Zeugnisformulierungen« verwendet, kann es zu Fehldeutungen kommen.
Wenn der Zeugnisschreiber einen Mitarbeiter wegloben wollte und deshalb ein zu positives Zeugnis schrieb, kann der Leser dies oft nicht feststellen. Erst ein Vergleich mit anderen Zeugnissen des Bewerbers, die alle schlechter sind, gibt ihm Hinweise in dieser Richtung.
Wegen der allgemeinen Tendenz zu wohlwollenden Formulierungen begegnet die Mehrzahl der Zeugnisleser positiven Zeugnisaussagen mit gesundem Mißtrauen. Negative Aussagen jedoch werden meist vorbehaltlos geglaubt.
Besonders achten geübte Zeugnisleser darauf, ob Wichtiges weggelassen wurde. Hier vermuten sie sofort, daß Schlechtes nicht erwähnt werden sollte und sind mißtrauisch. Für sie hat ein solches Zeugnis dann ein »Loch« (oder sogar mehrere Löcher). Hier bohren sie im Einstellungsgespräch mit ihren Fragen nach – wenn sie einen solchen Bewerber überhaupt einladen.
Manche Löcher sind leicht zu entdecken. Ist zum Beispiel in der Tätigkeitsbeschreibung aufgezählt, daß eine Mitarbeiterin im Verkauf und im Lager beschäftigt war, werden aber nur ihre Leistungen im Lager lobend erwähnt, dann ist bei den Verkaufsleistungen ein Loch. Offenbar hat sie sich hier nicht bewährt.
Die Beurteilung der Leistungen und des Verhaltens hat aus den bisher erwähnten Gründen nur geringen dokumentarischen Wert. Sie hat – im Guten wie im Schlechten – kaum absolute Aussagekraft. Das liegt in erster Linie daran, daß es, wie für die Mitarbeiterbeurteilung – keine objektiven Maßstäbe gibt.
Es spielen in die Beurteilung sehr viele Einflußgrößen hinein, zum Beispiel:

- Abneigung oder Zuneigung des Beurteilers,
- Strenge oder Milde,
- persönliche Maßstäbe und Wertvorstellungen,
- Vorurteile,
- Fehleinschätzungen und Beurteilungsfehler,

- Verallgemeinerung einzelner Tatbestände,
- Übergewicht jüngster Ereignisse oder
- Ungeschicklichkeit in der Ausdrucksweise.

Welcher Zeugnisleser kann dies alles aber richtig erkennen, auseinanderhalten und zutreffend einschätzen? Woran will er ablesen, welcher Arbeitgebertyp das Zeugnis formuliert hat, mit welcher Einstellung und in welcher Stimmung er geschrieben und welche »inneren« Maßstäbe er angelegt hat?

Nur wer den Zeugnisschreiber kennt oder bei Großunternehmen die Art, wie dort grundsätzlich Zeugnisse formuliert werden, kann mit größerer Treffsicherheit Zeugnisse deuten. In den meisten Fällen gibt es nur die Möglichkeiten, dem Zeugnistext zu vertrauen oder den Text auszulegen. Beides kann richtig oder falsch sein. Deshalb ist Vorsicht und ein gewisses Mißtrauen beim Lesen und Auswerten von Zeugnissen sicher geboten.

Einige Rückschlüsse läßt auch der »Stimmungsgehalt« eines Zeugnisses zu. Dieser drückt sich im Stil und in der Wortwahl (zum Beispiel schmückende Beiwörter, persönliches Engagement des Schreibers) aus.

Eine Beurteilung kann nüchtern und sachlich, herzlich und wohlwollend, anerkennend und achtungsvoll und vieles andere sein. In ihr kann Kühle und Abstand, Sympathie oder Antipathie zum Ausdruck kommen. Sie zeigt auch die Wirkung des Beurteilten auf seine Umwelt und auf den Zeugnisaussteller. Wenn solche Stimmungen im Zeugnis erkennbar sind, müssen sie behutsam ausgewertet und bewertet werden. Wenn jedoch mehrere Zeugnisse von verschiedenen Arbeitgebern einen ähnlichen Stimmungsgehalt aufweisen, erhöht sich der Aussagewert erheblich. Dann kann man zum Beispiel folgern, daß ein Mitarbeiter stets positiv auf seine Umwelt wirkt und sich Sympathie und Freundschaft erwirbt, daß er immer auf einem gewissen Abstand bleibt und nicht recht warm mit seiner Umgebung wird oder daß er überall aneckt und gewisse Schwierigkeiten hat.

Gesetzliche Regelungen des Anspruchs auf ein Arbeitszeugnis

§ 73 HGB

Bei der Beendigung des Dienstverhältnisses kann der Handlungsgehilfe ein schriftliches Zeugnis über die Art und Dauer der Beschäftigung fordern. Das Zeugnis ist auf Verlangen des Handlungsgehilfen auch auf die Führung und die Leistungen auszudehnen.
Auf Antrag des Handlungsgehilfen hat die Ortspolizeibehörde das Zeugnis kosten- und stempelfrei zu beglaubigen.

§ 630 BGB

Bei der Beendigung eines dauernden Dienstverhältnisses kann der Verpflichtete von dem anderen Teil ein schriftliches Zeugnis über das Dienstverhältnis und dessen Dauer fordern. Das Zeugnis ist auf Verlangen auf die Leistungen und die Führung im Dienst zu erstrecken.

§ 113 GewO Zeugnis

(1) Beim Abgang können die Arbeitnehmer ein Zeugnis über die Art und Dauer ihrer Beschäftigung fordern.
(2) Dieses Zeugnis ist auf Verlangen der Arbeitnehmer auch auf ihre Führung und Leistung auszudehnen.
(3) Den Arbeitgebern ist untersagt, die Zeugnisse mit Merkmalen zu versehen, welche den Zweck haben, den Arbeitnehmer in einer aus dem Wortlaut des Zeugnisses nicht ersichtlichen Weise zu kennzeichnen.
(4) Ist der Arbeitnehmer minderjährig, so kann das Zeugnis von dem gesetzlichen Vertreter gefordert werden. Dieser kann verlangen, daß das Zeugnis an ihn, nicht an den Minderjährigen ausgehändigt werde. Mit Genehmigung der Gemeindebehörde des in § 108 bezeichneten Ortes kann auch gegen den Willen des gesetzlichen Vertreters die Aushändigung unmittelbar an den Arbeitnehmer erfolgen.

§ 8 BBiG Zeugnis

(1) Der Ausbildende hat dem Auszubildenden bei Beendigung des Berufsausbildungsverhältnisses ein Zeugnis auszustellen. Hat der Ausbildende die Berufsausbildung nicht selbst durchgeführt, so soll auch der Ausbilder das Zeugnis unterschreiben.

(2) Das Zeugnis muß Angaben enthalten über Art, Dauer und Ziel der Berufsausbildung sowie über die erworbenen Fertigkeiten und Kenntnisse des Auszubildenden. Auf Verlangen des Auszubildenden sind auch Angaben über Führung, Leistung und besondere fachliche Fähigkeiten aufzunehmen.

Einige Tips für Zeugnisempfänger

Verlangen Sie Ihr Zeugnis rechtzeitig

Warten Sie nicht bis zum letzten Tag, wenn Sie ein gutes Zeugnis haben wollen. Sprechen Sie Ihren Chef rechtzeitig an, damit er Zeit und Ruhe hat, ein Zeugnis zu formulieren.
Solange Sie noch im Unternehmen sind, haben Sie auch bessere Chancen, auf den Inhalt Einfluß zu nehmen. Sind Sie ohne Zeugnis aus dem Unternehmen ausgeschieden, haben Sie oft Mühe, ein Zeugnis zu bekommen. Nach mehreren Mahnungen wird Ihr Zeugnis kaum mit großem Wohlwollen geschrieben.

Sprechen Sie mit Ihrem Chef, bevor er Ihr Zeugnis geschrieben hat

Versuchen Sie in einem Gespräch mit Ihrem Chef rechtzeitig zu klären, welche Aussagen und Beurteilungen Sie gern in Ihrem Zeugnis hätten. Suchen Sie hierfür einen günstigen Tag Ihres Chefs, an dem er Zeit und gute Laune hat. Bitten Sie Ihren Chef, den Eindruck, den er von Ihnen hat, formlos auf einen Zettel zu schreiben. Dann können Sie, um ihn zu entlasten, ein Zeugnis zusammenstellen, das seiner Meinung entspricht und das Ihrem Fortkommen nützt.
Ist das Zeugnis erst einmal sauber geschrieben, haben Sie es schwer, Änderungswünsche durchzusetzen.

Helfen Sie Ihrem Chef beim Verfassen des Zeugnisses

Da Chefs im allgemeinen nicht gern Zeugnisse schreiben (und oft auch gar nicht genau wissen, was ihre Mitarbeiter im einzelnen tun), schlagen Sie ihm vor, ihm die Beschreibung Ihrer Aufgaben, Tätigkeiten und Funktionen abzunehmen.
Sie selbst wissen am besten, was Sie tun, vor allem aber, auf welche Aussagen es Ihnen bei der Suche nach einer neuen Stelle ankommt. Meist wird Ihr Chef dankbar sein, wenn Sie ihm einen Teil der Arbeit abnehmen.

Lesen Sie Ihr Zeugnis beim Empfang gründlich durch

Lesen Sie Ihr Zeugnis wie das »Kleingedruckte« eines Kaufvertrags gründlich durch, bevor Sie es annehmen und zu Ihren Personalunterlagen legen oder bei Bewerbungen vorlegen. Bei der Übergabe haben Sie noch die Gelegenheit zum Einspruch. Sie können Änderungswünsche vortragen. Haben Sie erst einmal das Zeugnis akzeptiert, fällt es Ihnen später sehr viel schwerer, Änderungen zu Ihren Gunsten durchzusetzen.

Achten Sie darauf, daß alles für Sie Wichtige im Zeugnis steht

Hierzu gehören eine vollständige Wiedergabe Ihrer wichtigsten Aufgaben, Tätigkeiten und Funktionen; eine Darstellung Ihrer betrieblichen Entwicklung (zumindest, wenn sie einen Aufstieg widerspiegelt); das Hervorheben mindestens einer besonderen Stärke.
Legen Sie Wert darauf, daß Informationen in Ihrem Zeugnis erscheinen, an denen auch Außenstehende Ihre Bedeutung und Ihre Erfolge ablesen können: zum Beispiel Zahl der unterstellten Mitarbeiter, Vollmachten, Umsatzgrößen, Steigerungsraten, Gebietsgrößen und ähnliches.
Achten Sie vor allem darauf, daß Ihr Zeugnis am Schluß einen Dank für Ihre Mitarbeit, ein Bedauern über Ihr Ausscheiden und gute Wünsche für Ihre berufliche Zukunft enthält.

Scheuen Sie sich nicht, notfalls vor das Arbeitsgericht zu gehen

Wenn Ihr Zeugnis schlechter ist, als es Ihrer Meinung nach tatsächlich sein dürfte, und wenn Ihr Arbeitgeber sich weigert, es in Ihrem Sinne zu ändern, gehen Sie vor ein Arbeitsgericht. Sie müssen allerdings beweisen können, daß die Angaben über Dauer und Art Ihrer Tätigkeit unrichtig sind. Für die richtige Bewertung hingegen ist der Arbeitgeber beweispflichtig.
Der Gang zum Arbeitsgericht sollte aber immer der letzte Ausweg sein.

Gütliche Einigung ist besser

Versuchen Sie, im Guten mit Ihrem Arbeitgeber klarzukommen. Dann schwingt in seinen Formulierungen das Wohlwollen mit, das Ihrem Zeugnis die positive Stimmung gibt, die sich dann auch auf andere Leser überträgt. Sie sichern sich außerdem auch noch einen guten »Nachruf«. Wenn später ein neuer Arbeitgeber bei Ihrem alten Arbeitgeber zusätzliche Auskünfte erbittet, dürften diese auch positiv in Ihrem Sinne ausfallen.

Nutzen Sie günstige Gelegenheiten, ein positives Zwischenzeugnis zu erhalten

Lassen Sie sich die seltenen Gelegenheiten, ein besonders positives Zeugnis zu erhalten, nicht entgehen. Der Wechsel oder das Ausscheiden eines Vorgesetzten oder Ihr eigener Wechsel in eine andere Abteilung sind solche Gelegenheiten. War die Zusammenarbeit gut und war der Vorgesetzte mit Ihren Leistungen zufrieden, ist er sicher bereit, dies mit lobenden Worten zu bestätigen. Bitten Sie Ihren Vorgesetzten deshalb um ein individuelles, persönliches Zeugnis. Wichtig ist, daß er dies selbst formuliert und von seiner Sekretärin schreiben läßt (nicht durch die Personalabteilung, die vielleicht umformuliert und auch das Zeugnis Ihnen nicht aushändigt, sondern in ihrer Personalakte ablegt). Bei späteren Bewerbungen haben solche persönlichen Zeugnisse ein besonderes Gewicht.
Eine relativ günstige Gelegenheit für ein gutes Zeugnis ergibt sich auch, wenn Ihnen die Firma aus Gründen, die nicht in Ihrer Person liegen, kündigen will (zum Beispiel Arbeitsmangel, Betriebsstillegung, Verkauf, Firmenzusammenschluß). Um Ihnen den Abgang zu versüßen und vor allem, um Ihnen die Stellensuche zu erleichtern, wird man meist bereit sein, ein besonders positives Zeugnis zu formulieren.
Aber auch wenn Ihnen die Firma die Kündigung nahelegt, weil sie mit Ihren Leistungen oder Ihrem Verhalten nicht zufrieden ist, haben Sie oft noch eine gute Verhandlungsbasis für ein ansprechendes Zeugnis. Wer Sie loswerden will, ist oft auch zu Zugeständnissen bereit.

Fragebogen
zur Ausstellung eines Arbeitszeugnisses

Bitte bis spätestens zum __________ an die Personalabteilung zurückgeben.

Herr, Frau, Fräulein ______________________________ geb. am __________

war vom ____________________________ bis zum ____________________

in der Abteilung ____

beschäftigt als ____

Welche Arbeiten waren zu erledigen? ______________________________

____

Wie waren:

a) Auffassung ____

b) Zuverlässigkeit ____

c) Selbständigkeit ____

d) Einstellung zur Arbeit __________________________________

e) Fachwissen und Fachkönnen ______________________________

f) Arbeitsantrieb ____

g) Arbeitsintensität ____

h) Verhalten gegenüber Vorgesetzten __________________________

i) Verhalten gegenüber Mitarbeitern __________________________

j) Umgang mit Besuchern und Kunden __________________________

Wie waren die schreibtechnischen Fertigkeiten?
(Stenografie und Maschinenschreiben) ______________________________

In welchen Fremdsprachen sind Kenntnisse vorhanden? ______________

Sind weitere erwähnenswerte Fähigkeiten vorhanden? ______________

____

Nur zur Unterrichtung der Personalabteilung:

Austrittsgrund: ____

Rechtfertigt die Arbeitsleistung eine eventuelle
Wiederbeschäftigung? ja/nein

Wenn ja, wäre die Ausscheidende bereit, für eine
bestimmte Zeit (Krankheits-, Urlaubsvertretung)
wieder tätig zu sein? ja/nein

______________________ ______________________

Datum Unterschrift

	Beobachtungsbogen zur Zeugniserstellung	Datum:

Angaben zur Person:

Vorname	Familienname	evtl. Geburtsname
Geburtsdatum	Geburtsort	Eintrittsdatum
Tätigkeit/Stellung im Beruf	Abteilung	Austrittsdatum

- ☐ Zwischenzeugnis
- ☐ Arbeitsnachweis
- ☐ Qualifiziertes Zeugnis
- ☐ Zeugnis für Personalakte (Versetzung, Änderung des Fachvorgesetzten)

Aufgabengebiet:
1
2
3
4
5
6
7

Austrittsgrund und Grußformel:

Grund:

Gruß:

- ☐ bedauern den Austritt sehr, danken für Mitarbeit, wünschen für die Zukunft alles Gute
- ☐ wünschen alles Gute
- ☐ danken für Mitarbeit, wünschen alles Gute
- ☐ sonstiges

Fachvorgesetzter

Verlangt der Mitarbeiter ein Zeugnis, so bitten wir um umseitige Ausfüllung. Begriffserläuterungen und praktische Hinweise stehen auf der Rückseite.

Beobachtungsgrade ▶ ▼ Beobachtungsmerkmale	entspricht sehr gut den Anforderungen	entspricht gut den Anforderungen	entspricht den Anforderungen	Bemerkungen
Fachkenntnisse und ihre Anwendung ☐ Fachwissen	○ hervorragende und vollkommene Beherrschung ○ fachlich sehr souverän, löst schwierige Aufgaben ○	○ abgesichertes und erprobtes Wissen ○ hat gründliche Fachkenntnisse, löst schwierige Aufgaben ○	○ ausreichendes Wissen ○ beherrscht das Fach durchschnittlich ○	
☐ Anwendung des Fachwissens (spezielles Fachwissen angeben und Beobachtungsgrad frei formulieren):__________				
Arbeitseinsatz und Arbeitsbereitschaft ☐ Aktivität, Initiative	○ ist ideenreich, gibt wertvolle Anregungen ○ sehr entschlossen im Handeln, ausgesprochene Initiative ○ ergreift selbständig Maßnahmen und übernimmt volle Verantwortung ○	○ hat oft gute Ideen, gibt wertvolle Anregungen ○ selbständig im Handeln, ergreift Initiative ○ übernimmt Aufgaben tatkräftig und übernimmt Verantwortung ○	○ gibt Anregungen ○ willig im Handeln, ausreichende Initiative ○ übernimmt Aufgaben im allgemeinen verantwortungsbereit ○	
☐ Ausdauer, Belastbarkeit	○ unermüdlich und sehr gut durchhaltend ○ bewältigt unter schwierigen Arbeitsbedingungen alles ○	○ ausdauernd und gut belastbar ○ wechselnden Beanspruchungen gewachsen, hält unter Termindruck durch ○	○ hält im ganzen durch ○ ist den Anforderungen gewachsen ○	
☐ Wendigkeit	○ sehr umstellungsfähig und überall einsetzbar ○ aufgeschlossen gegenüber allem Neuen ○	○ vielseitig und wendig ○ stellt sich auf neue Aufgaben ein ○	○ kann sich genügend schnell umstellen ○ bevorzugt gleichbleibende Tätigkeiten, Routine behagt ○	
Arbeitsweise und Arbeitsergebnis ☐ Fleiß, Sorgfalt	○ zeigt ständigen Fleiß und Eifer ○ zeigt echte Schaffensfreude ○ peinlich genau, sehr gewissenhaft, große Sorgfalt ○	○ fleißig und eifrig ○ arbeitet immer gern ○ gründlich, gewissenhaft, sorgfältig ○	○ mitunter abhängig von Anstoß, ausreichender Fleiß ○ zum Mitmachen bereit ○ ordentlich, gibt sich Mühe, hütet sich vor Fehlern ○	
☐ Zuverlässigkeit	○ äußerst pflichtbewußt und verschwiegen ○ stets zuverlässig, kontrolliert sich selbst ○	○ pflichtbewußt und vertrauenswürdig ○ zuverlässig, vergißt nichts Wichtiges ○	○ im allgemeinen vertrauenswürdig ○ im allgemeinen zuverlässig ○	

☐ Beobachtungsgabe, Aufmerksamkeit	○ sehr konzentriert und gesammelt, läßt nichts außer acht ○ widmet sich der Aufgabe ○ weitgespannte Aufmerksamkeit, faßt bestens auf ○	○ arbeitet konzentriert mit gutem Weitblick ○ läßt sich schwer ablenken ○ lernt leicht, begreift das Wesentliche ○	○ genügend konzentriert, beobachtet nicht immer alles ○ mitunter oberflächlich ○ begrenzte Aufmerksamkeit, lernwillig ○	
☐ Leistungsstand	○ ausgezeichnete Leistung, arbeitet fehlerlos ○ arbeitet flott und exakt ○	○ gute und ergiebige Leistung, macht sehr selten Fehler ○ arbeitet zügig und sorgfältig ○	○ normale Leistung ○ zufriedenstellendes Ergebnis ○	
Soziales Verhalten ☐ Auftreten, Verhalten ☐ gegenüber Vorgesetzten ☐ gegenüber Untergebenen ☐ gegenüber Gleichgestellten	○ sehr sicher und bestimmt, Benehmen und Haltung hervorragend ○ sehr sicher und bestimmt, Benehmen und Haltung hervorragend ○ gesundes Selbstvertrauen, beliebt und geschätzt in der Gemeinschaft, sehr aufgeschlossen ○	○ höflich und korrekt, tadellose Umgangsformen ○ bestimmt und sicher im Aufreten, gerecht und ausgleichend ○ natürlich und frei im Auftreten, beliebt und aufgeschlossen ○	○ bescheiden und zurückhaltend, gute Umgangsformen ○ ausreichend sicher im Auftreten, Sinn für Gerechtigkeit ○ etwas kühl und unpersönlich, nimmt teil am Geschehen ○	
☐ Zusammenarbeit, Kontaktpflege	○ erfolgreich in der Zusammenarbeit, immer hilfsbereit, wird sehr geschätzt ○ schafft beispielhafte Atmosphäre, sehr kontaktstark ○	○ paßt gut in ein Team, hilfsbereit, wird anerkannt ○ fördert eine gute Atmosphäre, kontaktstark ○	○ ordnet sich ein, verträglich, umgänglich ○ kontaktbereit ○	
☐ Führungsverhalten	○ kann Mitarbeiter begeistern und mitreißen ○ erteilt klare Anweisungen und delegiert korrekt ○ übt konsequente Erfolgskontrolle aus ○ als Vorgesetzter voll anerkannt ○	○ aktiviert Mitarbeiter positiv ○ versteht zu delegieren ○ kontrolliert seine Anweisungen ○ als Vorgesetzter anerkannt ○	○ begrenzte Motivierungskraft ○ nur zögernd bereit zu delegieren ○ kontrolliert im Ganzen zu wenig ○ begrenzte Anerkennung als Vorgesetzter ○	
sonstige, nicht genannte Merkmale				

Die Beobachtungsgrade sind sorgfältig festgelegt und mit dem betreffenden Mitarbeiter durchgesprochen.

gesehen: ______________________ (Mitarbeiter)

beobachtet: ______________________ (Fachvorgesetzter)

Praktische Hinweise und Begriffserläuterungen zur Zeugniserstellung

1. Jeder Arbeitnehmer, der aus einem dauernden Beschäftigungsverhältnis ausscheidet, hat Rechtsanspruch auf ein Zeugnis. Zur Ausstellung ist die Personalabteilung verpflichtet. Sie hat das Zeugnis schriftlich zu erstellen und bei Beendigung des Arbeitsverhältnisses dem Arbeitnehmer auszuhändigen. Der Entwurf zur Zeugniserstellung erfolgt in der Fachabteilung durch den Vorgesetzten.

2. Der Inhalt eines **Arbeitsnachweises** erstreckt sich auf Art und Dauer der Beschäftigung; das **qualifizierte Zeugnis** gibt zusätzlich Auskunft über Führung und Leistung des Arbeitnehmers. Ein **Zwischenzeugnis** ist – jedoch nur in einem gekündigten Arbeitsverhältnis – auf Wunsch des Arbeitnehmers vorab auszustellen. Bei Dienstaustritt ist das Zwischenzeugnis Zug um Zug gegen Hergabe des endgültigen Zeugnisses zurückzugeben.

3. Bei innerbetrieblichen Versetzungen oder Änderung des Fachvorgesetzten ist der Beobachtungsbogen zur Zeugniserstellung ausgefüllt einzureichen. Der Bogen verbleibt in der Personalakte und wird nicht an den Mitarbeiter ausgehändigt.

4. Der vorliegende Beobachtungsbogen dient der Zeugniserstellung und ist nicht mit Beurteilungsbögen zu verwechseln. Alle Angaben sind nach Grundsätzen der Zeugnisschreibung
   ○ Vollständigkeit im Günstigen
   ○ Wahrheit in den Angaben
   ○ im Interesse des zukünftigen Arbeitgebers
   ○ Vorsicht bei ungünstigen Angaben für den Betroffenen
   durch Ankreuzen zu beantworten.

5. Hat der Arbeitgeber rechtswidrig und schuldhaft eine unrichtige, unvollständige oder sonst fehlerhafte Auskunft erteilt und ist hierdurch dem Arbeitnehmer oder dem zukünftigen Arbeitgeber ein Schaden erwachsen, so haftet er für den Schaden.

6. Bitte geben Sie Antwort im Rahmen von Vergleichen zu anderen Personen, nutzen Sie die Möglichkeit Ihrer individuellen Beobachtung durch Ausfüllen der freien Felder und beantworten Sie nur die rot angekreuzten Kriterien, welche im Zusammenhang zur ausgeübten Tätigkeit/Stellung im Beruf stehen.

7. In der Personalabteilung werden die angekreuzten Beobachtungsgrade, soweit üblich und sinnvoll, zur Zeugniserstellung in ganze Sätze gekleidet.

Die Definition der Beobachtungsmerkmale entnehmen Sie aus folgenden Angaben:

Fachwissen:	Die Summe der bei der Arbeitsausführung angewandten praktischen und theoretischen Kenntnisse.
Anwendung des Fachwissens:	Übertragung des Fachwissens in die Arbeitsausführung.
Aktivität:	Tatendrang, Tatkraft und Willensschwung.
Initiative:	Bemühen, in seinem Arbeitsbereich aus eigenem Antrieb das beste Ergebnis zu erzielen und dabei aus eigener Entscheidung Verantwortung zu übernehmen.
Ausdauer:	Der Wille, ein bestimmtes Arbeitsziel zu erreichen, auch unter erschwerten Arbeitsverhältnissen und zeitweiligen Mißerfolgen.
Belastbarkeit:	Geistige und körperliche Kraftreserven, die bei auftretenden Arbeitsschwierigkeiten zur Verfügung stehen, um eine gleichbleibende Leistungsnorm zu halten.
Wendigkeit:	Die Fähigkeit, sich ohne Minderung der Leistung von bestimmten Gewöhnungen oder Aufgabenbereichen zu lösen und sich schnell geistig und/oder körperlich an neue Arbeitsbedingungen anzupassen.
Fleiß:	Zeitdauer des ununterbrochenen Arbeitens mit dem Ziele der Arbeitsbewältigung; Intensität des Arbeitens in Relation zum Arbeitsergebnis.
Sorgfalt:	Grad der Fehlerfreiheit im Arbeitsergebnis.
Zuverlässigkeit:	Grad der Gewißheit, mit der die Erledigung der gestellten Aufgabe erwartet werden kann; die Zuverlässigkeit umfaßt Pflichtgefühl, Aufgabenbewußtsein und Vertrauenswürdigkeit.
Beobachtungsgabe:	Weite der Aufmerksamkeit bei der Beobachtung bestimmter Ereignisse oder Erscheinungen.
Aufmerksamkeit:	Die Fähigkeit und der Wille, sich einer Aufgabe konzentriert zuzuwenden und die Konzentration über eine möglichst lange Zeitdauer konstant zu halten.
Leistungsstand:	Güte und Menge der geleisteten Arbeit; Zeitaufwand im Verhältnis zum Arbeitsergebnis, Verhältnis zwischen Soll- und Ist-Leistung.
Auftreten, Verhalten:	Umgangsformen im Verhalten zu Vorgesetzten, Mitarbeitern, Untergebenen.
Zusammenarbeit, Kontaktpflege:	Fähigkeit zur Teamarbeit und Schaffung von Arbeitsatmosphäre.
Führungsverhalten:	Die Begabung, Menschen mitzureißen, auszubilden, anzuleiten und zu überwachen; den Blick, den richtigen Mann an den richtigen Platz zu setzen; Durchsetzungsvermögen.

Arbeitszeugnis

Herr, Frau, Fräulein ______________________ geb. am __________

war vom ______________________ bis zum ______________________

in unserer Abteilung ______________________________________

beschäftigt als ____

Leistungs- und Verhaltensbild:

Einstellung zur Arbeit:
sehr interessiert – eifrig – willig – gleichgültig – uninteressiert

Fachwissen und Fachkönnen:
sehr gut – gut – befriedigend – ausreichend – schwach

Arbeitsantrieb:
freiwillig, freudig – pflichtgemäß – wechselnd – schwach – lustlos

Arbeitsintensität:
zu Höchstleistungen fähig – hoher Einsatz – ausdauernd – gebremst – unzureichend

Verhalten gegenüber Vorgesetzten:
vorbildlich – aufrichtig – abwartend – unterwürfig – bockig

Verhalten gegenüber Mitarbeitern:
kameradschaftlich – verträglich – zurückhaltend – gleichgültig – störend

Zuverlässigkeit:
sehr gewissenhaft – durchaus pflichtbewußt – unzuverlässig

Herr, Frau, Fräulein verläßt uns, um ______________________________

____

______________________ ______________________
Ort Datum

____
Stempel und Unterschrift

Nützliche Ratgeber

Stand: Sommer 1988

Essen und Trinken

FALKEN EXKLUSIV
Kochen in höchster Vollendung
Aus vier Elementen ist alles zusammengefügt (Theophrast). (4291) Von M. Wissing, M. Kirsch, 160 S., 230 Farbfotos, Leinen geprägt mit Schutzumschlag, im Schuber, **DM 98,–**, S 784.–

Was koche ich heute?
Neue Rezepte für Fix-Gerichte. (0608) Von A. Badelt-Vogt, 112 S., 16 Farbtafeln, kart. ●

Kochen für 1 Person
Rationell wirtschaften, abwechslungsreich und schmackhaft zubereiten. (0586) Von M. Nicolin, 136 S., 8 Farbtafeln, 23 Zeichnungen, kart. ●

Schnell und individuell
Die raffinierte Single-Küche
(4266) Von F. Faist, 160 S., 151 Farbfotos, Pappband. ●●●

Gesunde Kost aus dem Römertopf
(0442) Von J. Kramer, 128 S., 8 Farbtafeln, 13 Zeichnungen, kart. ●

FALKEN-FEINSCHMECKER
Pasta in Höchstform **Nudeln**
(0884) Von M. Kirsch, 64 S., 62 Farbfotos, Pappband. ●

Nudelgerichte
– lecker, locker, leicht zu kochen. (0466) Von C. Stephan, 80 S., 8 Farbtafeln, kart. ●

FALKEN-FEINSCHMECKER
In Hülle und Fülle
Pasteten und Terrinen
(0883) Von M. Kirsch, 48 S., 62 Farbfotos, Pappband. ●

FALKEN-FEINSCHMECKER
Spezialitäten unter knuspriger Decke
Aufläufe
(0882) Von C. Adam, 48 S., 33 Farbfotos, Pappband. ●

Eintöpfe und Aufläufe
Das Beste aus den Kochtöpfen der Welt (5079) Von A. und G. Eckert, 64 S., 50 Farbfotos, Pappband. ●●

FALKEN-FEINSCHMECKER
Herzhaftes für Leib und Seele
Eintöpfe
(0820) Von P. Klein, 48 S., 30 Farbfotos, Pappband. ●

Schnell und gut gekocht
Die tollsten Rezepte für den Schnellkochtopf. (0265) Von J. Ley, 96 S., 8 Farbtafeln, kart. ●

Kochen und backen im Heißluftherd
Vorteile, Gebrauchsanleitung, Rezepte. (0516) Von K. Kölner, 72 S., 8 Farbtafeln, kart. ●

Zaubern mit der schnellen Welle
Die neue Mikrowellenküche
(4289) Von F. Faist, 208 S., 188 Farbfotos, Pappband. ●●●

Das neue Mikrowellen-Kochbuch
(0434) Von H. Neu, 64 S., 4 Farbtafeln, 16 s/w Zeichnungen, kart. ●

Ganz und gar mit Mikrowellen
(4094) Von T. Peters, 208 S., 24 Farbfotos, 12 Zeichnungen, kart. ●●●

FALKEN-FEINSCHMECKER
Schnell auf den Tisch gezaubert
Kochen mit Mikrowellen
(0818) Von A. Danner, 64 S., 52 Farbfotos, Pappband. ●

Marmeladen, Gelees und Konfitüren
Köstlich wie zu Omas Zeiten – einfach selbstgemacht. (0720) Von M. Gutta, 32 S., 23 Farbfotos, 1 Zeichnung, Pappband. ●

Einkochen
nach allen Regeln der Kunst. (0405) Von B. Müller, 128 S., 8 Farbtafeln, kart. ●

Einkochen, Einlegen, Einfrieren
(4055) Von B. Müller, 152 S., 27 s/w.-Abb., kart. ●●

Haltbarmachen in der Öko-Küche
Gesunde Konservierungsmethoden für Obst, Gemüse, Kräuter und Pilze. (0932) Von M. Bustorf-Hirsch, 120 S., 56 Farbfotos, 36 Farbzeichnungen. kart. ●●

FALKEN-FEINSCHMECKER
Goldbraun und knusprig
Fritierte Leckerbissen
(0868) Von F. Faist, 64 S., 47 Farbfotos, Pappband. ●

Das neue Fritieren
geruchlos, schmackhaft und gesund. (0365) Von P. Kühne, 96 S., 8 Farbtafeln, kart. ●

FALKEN-FEINSCHMECKER
Die Krönung der feinen Küche
Saucen
(0817) Von G. Cavestri, 48 S., 40 Farbfotos, Pappband. ●

FALKEN-FEINSCHMECKER
Edler Kern in harter Schale
Meeresfrüchte
(0886) Von L. Grieser, 48 S., 52 Farbfotos, Pappband. ●

FALKEN-FEINSCHMECKER
Von Tatar und falschen Hasen
Hackfleisch
(0866) Von A. und G. Eckert, 64 S., 42 Farbfotos, Pappband. ●

Mehr Freude und Erfolg beim **Grillen**
(4141) Von A. Berliner, 160 S., 147 Farbfotos, 10 farbige Zeichnungen, Pappband. ●●●

Grillen für Geniesser
Fleisch · Fisch · Beilagen · Soßen. (5001) Von E. Fuhrmann, 64 S., 38 Farbfotos, Pappband. ●●

FALKEN-FEINSCHMECKER
Köstliches von Rost und Spieß
Grillen
(0931) Von A. Kalcher-Dähn, H. K. Kalcher, 64 S., 43 Farbfotos, Pappband. ●

Chinesisch kochen
mit dem Wok-Topf und dem Mongolen-Topf. (0557) Von C. Korn, 64 S., 8 Farbtafeln, kart. ●

FALKEN-FEINSCHMECKER
Verheißungsvoll fernöstlich
Spezialitäten aus dem Wok
(0933) Von H. K. Jen, 64 S., 56 Farbfotos, Pappband. ●

Schlemmerreise durch die
Chinesische Küche
(4184) Von K. H. Jen, 160 S., 117 Farbfotos, Pappband. ●●●

Nordische Küche
Speisen und Getränke von der Küste. (5082) Von J. Kürtz, 64 S., 44 Farbfotos, Pappband. ●●

Essen in Hessen
Spezialitäten zwischen Schwalm und Odenwald. (0837) Von R. Witt, 120 S., 10 s/w-Zeichnungen, Pappband. ●●

Schlemmerreise durch die
Französische Küche
(4296) Von H. Imhof, 160 S., 147 Farbfotos, 3 s/w-Fotos, Pappband. ●●●

Französisch kochen
Eine kulinarische Reise durch Frankreich. (5016) Von M. Gutta, 64 S., 35 Farbfotos, Pappband. ●●

Französische Küche
(0685) Von M. Gutta, 96 S., 16 Farbtafeln, kart. ●

Französische Spezialitäten aus dem Backofen
Herzhafte Tartes und Quiches mit Fleisch, Fisch, Gemüse und Käse (5146) Von P. Klein, 64 S., 43 Farbfotos, Pappband. ●●

FALKEN-FEINSCHMECKER
Aus lauter Lust und Liebe
Knoblauch
(0867) Von L. Reinirkens, 64 S., 45 Farbfotos, Pappband. ●

Kochen und würzen mit **Knoblauch**
(0725) Von A. und G. Eckert, 96 S., 8 Farbtafeln, kart. ●

Schlemmerreise durch die
Italienische Küche
(4172) Von V. Pifferi. 160 S., 109 Farbfotos, Pappband. ●●●

Pizza, Pasta und die feine italienische Küche
(4270) Von R. Rudatis, 120 S., 255 Farbfotos, Pappband. ●●

Italienische Küche
Ein kulinarischer Streifzug mit regionalen Spezialitäten. (5026) Von M. Gutta, 64 S., 35 Farbfotos, Pappband. ●●

FALKEN-FEINSCHMECKER
Schlemmen wie bei Mamma Maria
Pizzas
(0815) Von F. Faist, 64 S., 62 Farbfotos, Pappband. ●

Köstliche Pilzgerichte
Tips und Rezepte für die häufigsten Pilzgattungen. (5133) Von V. Spicker-Noack, M. Knoop, 64 S., 52 Farbfotos, Pappband. ●●

Fondues
und fritierte Leckerbissen. (0471) Von S. Stein, 96 S., 8 Farbtafeln, kart. ●

Fondues · Raclettes · Flambiertes
(4081) Von R. Peiler und M.-L. Schult, 136 S., 15 Farbtafeln, 28 Zeichnungen, kart. ●●

Neue, raffinierte Rezepte mit dem Raclette-Grill
(0558) Von L. Helger, 56 S., 8 Farbtafeln, kart. ●

Rezepte rund um Raclette und Doppeldecker
(0420) Von J. W. Hochscheid, 72 S., 8 Farbtafeln, kart. ●

Die hier vorgestellten Bücher, Videokassetten und Software sind in folgende Preisgruppen unterteilt:

● Preisgruppe bis DM 10,–/S 79,–
●● Preisgruppe über DM 10,– bis DM 20,– S 80,– bis S 160,–
●●● Preisgruppe über DM 20,– bis DM 30,– S 161,– bis S 240,–
●●●● Preisgruppe über DM 30,– bis DM 50,– S 241,– bis S 400,–
●●●●● Preisgruppe über DM 50,–/S 401,–
*(unverbindliche Preisempfehlung)

Die Preise entsprechen dem Status beim Druck dieses Verzeichnisses (s. Seite 1) – Änderungen, im besonderen der Preise, vorbehalten –

Fondues und Raclettes
(4253) Von F. Faist, 160 S., 125 Farbfotos, Pappband. ●●●

FALKEN-FEINSCHMECKER
Schmelzendes Käsevergnügen
Raclette
(0881) Von F. Faist, 48 S., 33 Farbfotos, Pappband. ●

Kulinarischer Feuerzauber
Flambieren
(4294) Von R. Wesseler, 120 S., 100 Farbfotos, Pappband. ●●●

Kochen und würzen mit
Paprika
(0792) Von A. und G. Eckert, 88 S., 8 Farbtafeln, kart. ●

Köstlichkeiten für Gäste und Feste
Kalte Platten
(4200) Von I. Pfliegner. 160 S., 130 Farbfotos, Pappband. ●●●

Kalte Happen und Partysnacks
Canapés, Sandwiches, Pastetchen, Salate und Suppen. (5029) Von D. Peters, 64 S., 44 Farbfotos, Pappband. ●●

Garnieren und Verzieren
(4236) Von R. Biller, 160 S., 329 Farbfotos, 57 Zeichnungen, Pappband. ●●●

Desserts
Puddings, Joghurts, Fruchtsalate, Eis, Gebäck, Getränke. (5020) Von M. Gutta, 64 S., 41 Farbfotos, Pappband. ●●

FALKEN-FEINSCHMECKER
Süße Verführungen
Desserts
(0885) Von M. Bacher, 64 S., 75 Farbfotos, Pappband. ●

FALKEN-FEINSCHMECKER
Süße Geheimnisse eiskalt gelüftet
Eis und Sorbets
(0870) Von H. W. Liebheit, 48 S., 38 Farbfotos, Pappband. ●

Crêpes, Omeletts und Soufflés
Pikante und süße Spezialitäten. (5131) Von J. Rosenkranz, 64 S., 45 Farbfotos, Pappband. ●●

Kuchen und Torten
Die besten und beliebtesten Rezepte. (5067) Von M. Sauerborn, 64 S., 79 Farbfotos, Pappband. ●●

Tortenträume und Kuchenfantasien
Gebackene Köstlichkeiten originell dekoriert und verziert. (0823) Von F. Faist, 80 S., 150 Farbfotos, kart. ●●

Backen mit Lust und Liebe
(4284) Von M. Schumacher, R. Krake, 242 S., 348 Farbfotos, 18 farb. Vignetten, 3 vierseitige Ausklapptafeln, Pappband. ●●●●

Backen, was allen schmeckt
Kuchen, Torten, Gebäck und Brot. (4166) Von E. Blome, 556 S., 40 Farbtafeln, Pappband. ●●●

Meine Vollkornbackstube
Brot · Kuchen · Aufläufe. (0616) Von R. Raffelt, 96 S., 4 Farbtafeln, 12 Zeichnungen, kart. ●

FALKEN-FEINSCHMECKER
Knusprig, kernig, urgesund
Vollkornbrot
(0938) Von S. Reiter, 64 S., 56 Farbfotos, Pappband. ●

FALKEN-FEINSCHMECKER
Mit Körnern, Zimt und Mandelkern
Vollkorngebäck
(0816) Von M. Bustorf-Hirsch, 48 S., 39 Farbfotos, Pappband. ●

Biologisch Backen
Neue Rezeptideen für Kuchen, Brote, Kleingebäck aus vollem Korn. (4174) Von M. Bustorf-Hirsch, 136 S., 15 Farbtafeln, 47 Zeichnungen, kart. ●●

Selbst Brotbacken
Über 50 erprobte Rezepte. (0370) Von J. Schiermann, 80 S., 6 Zeichnungen, 4 Farbtafeln, kart. ●

Mehr Freude und Erfolg beim
Brotbacken
(4148) Von A. und G. Eckert, 160 S., 177 Farbfotos, Pappband. ●●●

Brotspezialitäten
knusprig backen – herzhaft kochen. (5088) Von J. W. Hochscheid, L. Helger, 64 S., 48 Farbfotos, Pappband. ●●

Weihnachtsbäckerei
Köstliche Plätzchen, Stollen, Honigkuchen und Festtagstorten. (0682) Von M. Sauerborn, 32 S., 34 Farbfotos, Pappband. ●

Waffeln
süß und pikant. (0522) Von C. Stephan, 64 S., 8 Farbtafeln, kart. ●

Alles mit Joghurt
tagfrisch selbstgemacht. Mit vielen Rezepten. (0382) Von G. Volz, 88 S., 8 Farbtafeln, kart. ●

Joghurt, Quark, Käse und Butter
Schmackhaftes aus Milch hausgemacht. (0739) Von M. Bustorf-Hirsch. 32 S., 59 Farbabb., Pappband. ●

FALKEN-FEINSCHMECKER
Raffiniert und gesund würzen
Kräuterküche
(0869) Von A. Görgens, 48 S.,43 Farbfotos, Pappband. ●

Miekes Kräuter- und Gewürzkochbuch
(0323) Von I. Persy, K. Mieke, 96 S., 8 Farbtafeln, kart. ●

Das köstliche knackige Schlemmervergnügen.
Salate
(4165) Von V. Müller. 160 S., 80 Farbfotos, Pappband. ●●●

FALKEN-FEINSCHMECKER
Frisch und leicht als Hauptgericht
Schlemmersalate
(0934) Von C. Adam, 64 S., 49 Farbfotos, Pappband. ●

111 köstliche Salate
Erprobte Rezepte mit Pfiff. (0222) Von C. Schönherr, 96 S., 8 Farbtafeln, 30 Zeichnungen, kart. ●

FALKEN-FEINSCHMECKER
Köstlich frisch auf den Tisch
Rohkostsalate
(0865) Von C. Adam, 48 S., 26 Farbfotos, Pappband. ●

Die abwechslungsreiche Vollwertküche
Vitaminreich und naturbelassen kochen und backen. (4229) Von M. Bustorf-Hirsch, K. Siegel, 280 S., 31 Farbtafeln, 78 Zeichnungen, Pappband. ●●●●

Die feine Vollwertküche
(4286) Von M. Bustorf-Hirsch, 160 S., 83 Farbfotos, Pappband. ●●●

Meine Vollkornküche
Herzhaftes von echtem Schrot und Korn (0858) Von S. Walz, 128 S., 8 Farbtafeln, kart. ●

FALKEN-FEINSCHMECKER
Dinkel, Hirse, Roggenkorn...
Kerniges aus der Getreideküche
(0932) Von S. Frank, 64 S., 49 Farbfotos, Pappband. ●

FALKEN-FEINSCHMECKER
Die verlockende Alternative
Süße Vollwertküche
(0936) Von A. Roßmeier, 64 S., 50 Farbfotos, Pappband. ●

FALKEN-FEINSCHMECKER
Die gesunde Art, sich zu verwöhnen
Vollwertküche für Singles
(0937) Von A. Görgens, 64 S., 43 Farbfotos, Pappband. ●

Alternativ essen
Die gesunde Sojaküche.
(0553) Von U. Kolster, 112 S., 8 Farbtafeln, kart. ●

Kochen mit Tofu
Die gesunde Alternative. (0894) Von U. Kolster, 80 S., 8 Farbtafeln, kart. ●

Das Reformhaus-Kochbuch
Gesunde Ernährung mit hochwertigen Naturprodukten. (4180) Von A. und G. Eckert, 160 S. 15 Farbtafeln, Pappband. ●●●

Gesund kochen mit Keimen und Sprossen
(0794) Von M. Bustorf-Hirsch, 104 S., 8 Farbtafeln, 13 s/w-Zeichnungen, kart. ●

Keime und Sprossen in der Naturküche
(4299) Von M. Bustorf-Hirsch, 96 S., 144 Farbfotos, Pappband. ●●

Die feine Vegetarische Küche
(4235) Von F. Faist, 160 S., 191 Farbfotos, Pappband. ●●●

Biologische Ernährung
für eine natürliche und gesunde Lebensweise. (4125) Von G. Leibold, 136 S., 15 Farbtafeln, 47 Zeichnungen, kart. ●●

Gesunde Ernährung für mein Kind
(0776) Von M. Bustorf-Hirsch, 96 S., 8 Farbtafeln, 5 s/w Zeichnungen, kart. ●

Vitaminreich und naturbelassen
Biologisch Kochen
(4162) Von M. Bustorf-Hirsch, K. Siegel, 144 S., 15 Farbtafeln, 31 Zeichnungen, kart. ●●

Gesund kochen
wasserarm · fettfrei · aromatisch. (4060) Von M. Gutta, 240 S., 16 Farbtafeln, Pappband. ●●●

Naturküche à la carte
(4406) Von M. Wissing, M. Kirsch, 160 S., 179 Farbfotos, Pappband. ●●●●

Würzig kochen ohne Salz
(0922) Von S. Roediger-Streubel, 160 S., 16 Farbtafeln, kart. ●●

Natursammlers Kuchbuch
Wildfrüchte und Gemüse, Pilze, Kräuter – finden und zubereiten. (4040) Von C. M. Kerler, 140 S., 12 Farbtafeln, kart. ●●

Kräuter- und Heilpflanzen-Kochbuch
für eine gesunde Lebensweise. (4066) Von P. Pervenche, 143 S., 15 Farbtafeln. kart. ●●

Pralinen und Konfekt
Kleine Köstlichkeiten selbstgemacht. (0731) Von H. Engelke, 32 S., 57 Farbfotos, Pappband. ●

FALKEN-FEINSCHMECKER
Zart schmelzende Versuchungen
Schokolade
(0819) Von J. Schroer, 48 S., 53 Farbfotos, Pappband. ●

Die hier vorgestellten Bücher, Videokassetten und Software sind in folgende Preisgruppen unterteilt:

● Preisgruppe bis DM 10,–/S 79,–
●● Preisgruppe über DM 10,– bis DM 20,– S 80,– bis S 160,–
●●● Preisgruppe über DM 20,– bis DM 30,– S 161,– bis S 240,–
●●●● Preisgruppe über DM 30,– bis DM 50,– S 241,– bis S 400,–
●●●●● Preisgruppe über DM 50,–/S 401,–
*(unverbindliche Preisempfehlung)

Die Preise entsprechen dem Status beim Druck dieses Verzeichnisses (s. Seite 1) – Änderungen, im besonderen der Preise, vorbehalten –

Das richtige Frühstück
Gesunde Vollwertkost vitaminreich und naturbelassen. (0784) Von C. Kratzel, R. Böll, 32 S., 28 Farbfotos, Pappband. ●

Bocuse à la carte
Französisch kochen mit dem Meister. (4237) Von P. Bocuse, 88 S., 218 Farbfotos, Pappband. ●●

Kochschule mit Paul Bocuse
(6016) VHS, 60 Min. in Farbe. ●●●●●*

Der schön gedeckte Tisch
Vom einfachen Gedeck bis zur Festtafel stimmungsvoll und perfekt arrangiert. (4246) Von H. Tapper, 112 S., 206 Farbabbildungen, 21 s/w-Abbildungen, Pappband. ●●●

Servietten dekorativ falten
Geschmackvolle Anregungen aus Stoff und Papier. (0804) Von H. Tapper, 3T S., 134 Farbfotos, Pappband. ●

Cocktails
(4267) Von W. R. Hoffmann, W. Hubert, U. Lottring, 160 S., 164 Farbfotos, 1 s/w-Foto, Pappband. ●●●

Neue Cocktails und Drinks
mit und ohne Alkohol. (0517) Von S. Späth, 128 S., 4 Farbtafeln, kart., ●

Mixgetränke
mit und ohne Alkohol (5017) Von C. Arius, 64 S., 35 Farbfotos, Pappband. ●●

FALKEN-FEINSCHMECKER
Fruchtig, spritzig, eisgekühlt
Mixen ohne Alkohol
(0935) Von S. Späth, 64 S., 44 Farbfotos, Pappband. ●

Cocktails und Mixereien
für häusliche Feste und Feiern. (0075) Von J. Walker, 96 S., 4 Farbtafeln, kart. ●

Die besten Punsche, Grogs und Bowlen
(0575) Von F. Dingden, 64 S., 4 Farbtafeln, kart. ●

Weine und Säfte, Liköre und Sekt
selbstgemacht. (0702) Von P. Arauner, 232 S., 76 Abb., kart. ●●

Mitbringsel aus meiner Küche
selbst gemacht und liebevoll verpackt. (0668) Von C. Schönherr, 32 S., 30 Farbfotos, Pappband. ●

Weinlexikon
Wissenswertes über die Weine der Welt. (4149) Von U. Keller, 228 S., 6 Farbtafeln, 395 s/w-Fotos, Pappband. ●●●

Heißgeliebter Tee
Sorten, Rezepte und Geschichten. (4114) Von C. Maronde, 153 S., 16 Farbtafeln, 93 Zeichnungen, Pappband. ●●●

Tee für Genießer.
Sorten · Riten · Rezepte. (0356) Von M. Nicolin, 64 S., 4 Farbtafeln, kart. ●

Tee
Herkunft · Mischungen · Rezepte. (0515) Von S. Ruske, 96 S., 4 Farbtafeln, 16 s/w-Abbildungen, Pappband. ●

Kinder lernen spielend backen
(5110) Von M. Gutta, 64 S., 45 Farbfotos, Pappband. ●●

Kinder lernen spielend kochen
Lieblingsgerichte mit viel Spaß selbst zubereitet. (5096) Von M. Gutta, 64 S., 45 Farbfotos, Pappband, ●●

Komm, koch mit mir
Kunterbuntes Kochvergnügen für Kinder. (4285) Von S. und H. Theilig, Illustrationen von B. v. Hayek, 96 S., 48 Farbfotos, 350 Farb- und 1 s/w-Zeichnung, Pappband. ●●

Schlank werden nach Dr. Hay
Trennkost
Die bewährten Vollwert-Rezepte von Ursula Summ. (4298) Von U. Summ, 96 S., 54 Farbtafeln, 1 Zeichnung, kart. ●●

Gesund leben – schlank werden mit der
Bio-Kur
(0657) Von S. Winter. 144 S., 4 Farbtafeln, kart. ●

SLIM
Der neue, individuelle Schlankheitsplan (4277) Von Prof. Dr. E. Menden, W. Aign. 120 S., 440 Farbfotos, Pappband. ●●●

Kalorien – Joule
Eiweiß · Fett · Kohlenhydrate tabellarisch nach gebräuchlichen Mengen. (0374) Von M. Bormio, 88 S., kart. ●

Vitamine und Ballaststoffe
So ermittle ich meinen täglichen Bedarf (0746) Von Prof. Dr. M. Wagner, I. Bongartz. 96 S., 6 Farbabb., zahlreiche Tabellen, kart. ●

Hobby und Freizeit

Aquarellmalerei
als Kunst und Hobby. (4147) Von H. Haack, B. Wersche, 136 S., 62 Farbfotos, 119 Zeichnungen, Pappband. ●●●●

Aquarellmalerei
Materialien · Techniken · Motive. (5099) Von T. Hinz, 64 S., 79 Farbfotos, Pappband. ●●

Hobby Aquarellmalen
Landschaft und Stilleben. (0876) Von I. Schade, A. Brück, 80 S., 111 Farbabbildungen, kart. ●●

Videokassette
Hobby Aquarellmalen
Landschaft und Stilleben (6022) VHS, ca. 40 Min., in Farbe, ●●●●*

Aquarellmalerei leicht gelernt
Materialien · Techniken · Motive. (0787) Von T. Hinz, R. Braun, B. Zeidler, 32 S., 38 Farbfotos, 1 Zeichnung, Pappband. ●

Aquarellieren auf Seide
Materialien · Techniken · Motive. (0917) Von I. Demharter, 32 S., 41 Farbfotos, Pappband. ●

Hobby Ölmalerei
Landschaft und Stilleben. (0875) Von H. Kämper, I. Becker, 80 S., 93 Farbabb., kart. ●●

Videokassette
Hobby Ölmalerei
Landschaft und Stilleben (6025) VHS, ca. 40 Min., in Farbe, ●●●●*

Falken-Handbuch
Zeichnen und Malen
(4167) Von B. Bagnall, 336 S., 1154 Farbabb., Pappband. ●●●●●

Das große farbige PLAKA-Buch
Malen und Basteln
(4402) Von H.-J. Giesecke, 192 S., 225 Farbfotos, 20 Farb- und 4 s/w- Zeichnungen, Pappband. ●●

Das große farbige
Bastelbuch für Kinder
(4254) Von U. Barff, I. Burkhardt, J. Maier. 224 S., 157 Farbfotos, 430 Farb- und 69 s/w-Zeichnungen, Pappband. ●●●

Punkt, Punkt, Komma, Strich
Zeichenstunden für Kinder. (0564) Von H. Witzig, 144 S., über 250 Zeichnungen, kart. ●

Einmal grad und einmal krumm
Zeichenstunden für Kinder. (0599) Von H. Witzig, 144 S., 363 Abb. kart. ●

Naive Malerei
Materialien · Motive · Techniken. (5083) Von F. Krettek, 64 S., 76 Farbfotos, Pappband. ●●

Bauernmalerei
als Kunst und Hobby. (4057) Von A. Gast, H. Stegmüller, 128 S., 239 Farbfotos, 26 Riß-Zeichnungen, Pappband. ●●●●

Hobby Bauernmalerei
(0436) Von S. Ramos und J. Roszak, 80 S., 116 Farbfotos und 28 Motivvorlagen, kart. ●●

Bauernmalerei
Kreatives Hobby nach alter Volkskunst (5039) Von S. Ramos, 64 S., 85 Farbfotos, Pappband. ●●

Glasmalerei
als Kunst und Hobby. (4088) Von F. Krettek und S. Beeh-Lustenberger, 132 S., 182 Farbfotos, 38 Motivvorlagen, Pappband. ●●●●

Naive Hinterglasmalerei
Materialien · Techniken · Bildvorlagen (5145) Von F. Krettek, 64 S., 87 Farbfotos, 6 Zeichnungen, Pappband. ●●

Kalligraphie
Die Kunst des schönen Schreibens (4263) Von C. Hartmann, 120 S., 44 Farbvorlagen, 29 s/w-Vorlagen, 2 s/w-Zeichnungen, 38 Farbfotos, Pappband. ●●●●

Seidenmalerei als Kunst und Hobby
(4264) Von S. Hahn, 136 S., 256 Farbfotos, 1 s/w-Foto, 34 Farbzeichnungen, Pappband. ●●●●

Kunstvolle Seidenmalerei
Mit zauberhaften Ideen zum Nachgestalten. (0783) Von I. Demharter, 32 S., 56 Farbfotos, Pappband. ●

Zauberhafte Seidenmalerei
Materialien · Techniken · Gestaltungsvorschläge. (0664) Von E. Dorn, 32 S., 62 Farbfotos, Pappband. ●

Neue zauberhafte Seidenmalerei
Motive und Anregungen aus der Natur. (0924) Von R. Henge, 80 S., 148 Farbfotos, 27 s/w-Zeichnungen, kart. ●●

Hobby Seidenmalerei
(0611) Von R. Henge, 88 S., 106 Farbfotos, 28 Zeichnungen, kart. ●●

Hobby Stoffdruck und Stoffmalerei
(0555) Von A. Ursin, 80 S., 68 Farbfotos, 68 Zeichnungen, kart. ●●

Stoffmalerei und Stoffdruck
Materialien · Techniken · Ideen · Modelle (5074) Von H. Gehring, 64 S., 110 Farbfotos, Pappband. ●●

Batik
leicht gemacht. Materialien ·Färbetechniken · Gestaltungsideen. (5112) Von A. Gast, 64 S., 105 Farbfotos, Pappband. ●●

Die hier vorgestellten Bücher, Videokassetten und Software sind in folgende Preisgruppen unterteilt:

● Preisgruppe bis DM 10,–/S 79,–
●● Preisgruppe über DM 10,– bis DM 20,– S 80,– bis S 160,–
●●● Preisgruppe über DM 20,– bis DM 30,– S 161,– bis S 240,–
●●●● Preisgruppe über DM 30,– bis DM 50,– S 241,– bis S 400,–
●●●●● Preisgruppe über DM 50,–/S 401,–
*(unverbindliche Preisempfehlung)

Die Preise entsprechen dem Status beim Druck dieses Verzeichnisses (s. Seite 1) – Änderungen, im besonderen der Preise, vorbehalten –

FALKEN

Kreatives Bilderweben
Materialien – Vorlagen – Motive
(0814) Von A. Schulte-Huxel, 32 S., 58 Farbfotos, 8 Zeichnungen, Pappband. ●

Hobby Applikationen
Materialien · Techniken · Modelle.
(0899) Von H. Probst-Reinhardt, 80 S., 92 Farbfotos, 31 Zeichnungen, kart. ●●

Flechten
mit Bast, Stroh und Peddigrohr. (5098) Von H. Hangleiter, 64 S., 47 Farbfotos, 76 Zeichnungen, Pappband. ●●

Falken-Handbuch
Nähen
Abc der Nähtechniken und kreative Modellschneiderei in ausführlichen Schritt-für-Schritt-Bildfolgen. (4272) Von A. Bree, 320 S., 1142 Abbildungen, Schnittmusterbogen für alle Modelle, Pappband. ●●●●

Falken-Handbuch
Häkeln
ABC der Häkeltechniken und Häkelmuster in ausführlichen Schritt-für-Schritt-Bildfolgen. (4194) Von H. Fuchs, M. Natter, 288 S., 597 Farbfotos, 476 farbige Zeichnungen. Pappband. ●●●●

Häkeln
Schritt für Schritt für Rechts- und Linkshänder. (5134) Von H. Klaus, 64 S., 120 Farbfotos, 144 Zeichnungen, Pappband. ●●

Monogrammstickerei
Mit Vorlagen für Initialen, Vignetten und Ornamente. (5148) Von H. Fuchs, 64 S., 50 Farbfotos, 50 Zeichnungen, Pappband. ●●

Falken-Handbuch
Stricken
ABC der Stricktechniken und Strickmuster in ausführlichen Schritt-für-Schritt-Bildfolgen. (4137) Von M. Natter, 312 S., 106 Farb- und 922 s/w-Fotos, 318 Zeichnungen, Pappband. ●●●●

Das moderne Standardwerk von der Expertin
Perfekt Stricken
Mit Sonderteil Häkeln. (4250) Von H. Jaacks, 256 S., 703 Farbfotos, 169 Farb- und 121 s/w-Zeichnungen, Pappband. ●●●

Videokassette Stricken
(6007) VHS. Von P. Krolikowski-Habicht, H. Jaacks, 51 Min., in Farbe. ●●●●*

Stricken
Schritt für Schritt für Rechts- und Linkshänder. (5142) Von S. Oelwein-Schefczik, 64 S., 148 Farbfotos, 173 Zeichnungen, Pappband. ●●

Die schönsten Handarbeiten zum Verschenken
(4225) Von B. Wenzelburger, 128 S., 156 Farbfotos, 70 zweifarbige Zeichnungen, Pappband. ●●●●

Kuscheltiere stricken und häkeln
Arbeitsanleitungen und Modelle. (0734) Von B. Wehrle, 32 S., 60 Farbfotos, 28 Zeichnungen, Spiralbindung. ●

Hobby Patchwork und Quilten
(0768) Von B. Staub-Wachsmuth, 80 S., 108 Farbabb., 43 Zeichnungen, kart. ●●

Hobby Spitzencollagen
Bezaubernde Motive aus edlem Material. (0847) Von H. Westphal, 80 S., 186 Farbfotos, kart. ●●

Textiles Gestalten
Weben, Knüpfen, Batiken, Sticken, Objekte und Strukturen. (5123) Von J. Fricke, 136 S., 67 Farb- und 189 s/w-Fotos, 15 Zeichnungen, kart. ●●

Gestalten mit Glasperlen
fädeln · sticken · weben (0640) Von A. Köhler, 32 S., 55 Farbfotos, Spiralbindung. ●

Schmuck, Accessoires und Dekoratives
aus Fimo modelliert. (0873) Von A. Aurich, 32 S., 54 Farbfotos, Pappband. ●

Exklusiver Modeschmuck
aus dem eigenen Atelier
(0925) Von J. Niemeier, J. Klein, 80 S., 141 Farbfotos, 25 Zeichnungen, kart. ●●

Neue zauberhafte Salzteig-Ideen
(0719) Von I. Kiskalt, 80 S., 324 Farbfotos, 12 Zeichnungen, kart. ●●

Hobby Salzteig
(0662) Von I. Kiskalt, 80 S., 150 Farbfotos, 5 Zeichnungen, Schablonen, kart. ●●

Gestalten mit Salzteig
formen · bemalen · lackieren. (0613) Von W.-U. Cropp, 32 S., 56 Farbfotos, 17 Zeichnungen, Pappband. ●

Originell und dekorativ
Salzteig mit Naturmaterialien
(0833) Von A. und H. Wegener, 80 S., 166 Farbfotos, kart. ●●

Buntbemalte Kunstwerke aus Salzteig
Figuren, Landschaften und Wandbilder. (5141) Von G. Belli, 64 S., 165 Farbfotos, 1 Zeichnung, Pappband. ●●

Kreatives Gestalten mit Salzteig
Originelle Motive für Fortgeschrittene. (0769) Hrsg. I. Kiskalt, 80 S., 168 Farbfotos, kart. ●●

Videokassette Salzteig
(6010) VHS. Von I. Kiskalt, Dr. A. Teuchert, in Farbe, ca. 35 Min. ●●●●●*

Tiffany-Spiegel selbermachen
Materialien · Arbeitsanleitung · Vorlagen. (0761) Von R. Thomas, 32 S., 53 Farbfotos, Pappband. ●

Tiffany-Schmuck selbermachen
Materialien · Arbeitsanleitungen · Modelle. (0871) Von B. Poludniak, H. W. Scheib, 32 S., 54 Farbfotos, 3 Zeichnungen, Pappband. ●

Tiffany-Lampen selbermachen
Arbeitsanleitung · Materialien · Modelle. (0684) Von I. Spliethoff, 32 S., 60 Farbfotos, Pappband. ●

Hobby Glaskunst in Tiffany-Technik
(0781) Von N. Köppel, 80 S., 194 Farbfotos, 6 s/w-Abb., kart., ●●

Altes Brauchtum neu endeckt
Schmuck-Eier
Kunstvoll gestalten und verzieren. (0919) Von I. Kiskalt, 32 S., 45 Farbfotos, 3 s/w-Zeichnungen, Pappband. ●

Origami –
Die Kunst des Papierfaltens. (0280) Von R. Harbin, 160 S., 633 Zeichnungen, kart. ●

Hobby Origami
Papierfalten für groß und klein.
(0756) Von Z. Aytüre-Scheele, 88 S., über 800 Farbfotos, kart. ●●

Neue zauberhafte Origami-Ideen
Papierfalten für groß und klein.
(0805) Von Z. Aytüre-Scheele, 80 S., 720 Farbfotos, kart. ●●

Weihnachtsbasteleien
(0667) Von M. Kühnle und S. Beck, 32 S., 56 Farbfotos, 6 Zeichnungen, Pappband. ●

Alle Jahre wieder...
Avent und Weihnachten
Basteln – Backen – Schmücken – Singen – Vorlesen – Feiern.
(4260) Von H. und Y. Nadolny, 256 S., 105 Farbfotos, 130 Zeichnungen, Pappband. ●●●

Bastelspaß mit der Laubsäge
Mit Schnittmusterbogen für viele Modelle in Originalgröße. (0741) Von L. Giesche, M. Bausch, 32 S., 61 Farbfotos, 7 Zeichnungen, Schnittmusterbogen, Pappband. ●

Strohschmuck selbstgebastelt
Sterne, Figuren und andere Dekorationen (0740) Von E. Rombach, 32 S., 60 Farbfotos, 17 Zeichnungen, Pappband. ●

Das Herbarium
Pflanzen sammeln, bestimmen und pressen. (5113) Von I. Gabriel, 96 S., 140 Farbfotos, Pappband. ●●

Gestalten mit Naturmaterialien
Zweige, Kerne, Federn, Muscheln und anderes. (5128) Von I. Krohn, 64 S., 101 Farbfotos, 11 farbige Zeichnungen, Pappband. ●●

Blütenbilder aus Blumen und Blättern
Phantasievolle Naturcollagen.
(0872) Von G. Schamp, 32 S., 57 Farbfotos, 1 Zeichnung, Pappband. ●

Dauergestecke
mit Zweigen, Trocken- und Schnittblumen. (5121) Von G. Vocke, 64 S., 57 Farbfotos, Pappband. ●●

Ikebana
Einführung in die japanische Kunst des Blumensteckens. (0548) Von G. Vocke, 152 S., 47 Farbfotos, kart. ●●

Hobby Trockenblumen
Gewürzsträuße, Gestecke, Kränze, Buketts. (0643) Von R. Strobel-Schulze, 88 S., 170 Farbfotos, kart. ●●

Hobby Gewürzsträuße
und zauberhafte Gebinde nach Salzburger Art. (0726) Von A. Ott, 80 S., 101 Farbfotos, 51 farbige Zeichnungen, kart. ●●

Trockenblumen und Gewürzsträuße
(5084) Von G. Vocke, 64 S., 63 Farbfotos, Pappband. ●●

Töpfern
als Kunst und Hobby. (4073) Von J. Fricke, 132 S., 37 Farbfotos, 222 s/w-Fotos, Pappband. ●●●●

Kreatives Gestalten mit Ton
Töpfern ohne Scheibe – Aufbaukeramik
(0896) Von A. Riedinger, 80 S., 207 Farbfotos, 16 Zeichnungen, 7 Vignetten, kart. ●●

Schöne Sachen modellieren
Originelles aus Cernit – ideenreich gestaltet. (0762) Von G. Thelen, 32 S., 105 Farbfotos, Pappband. ●

Porzellanpuppen
Zauberhafte alte Puppen selbst nachbilden. (5138) Von C. A. und D. Stanton, 64 S., 58 Farbfotos, 22 Zeichnungen, Pappband. ●●

Zauberhafte alte Puppen
Sammeln · Restaurieren · Nachbilden
(4255) Von C. A. Stanton, J. Jacobs, 120 S., 157 Farbfotos, 24 Zeichnungen, Pappband. ●●●●

Die hier vorgestellten Bücher, Videokassetten und Software sind in folgende Preisgruppen unterteilt:

● Preisgruppe bis DM 10,–/S 79,–
●● Preisgruppe über DM 10,– bis DM 20,–/S 80,– bis S 160,–
●●● Preisgruppe über DM 20,– bis DM 30,–/S 161,– bis S 240,–
●●●● Preisgruppe über DM 30,– bis DM 50,–/S 241,– bis S 400,–
●●●●● Preisgruppe über DM 50,–/S 401,–
*(unverbindliche Preisempfehlung)

Die Preise entsprechen dem Status beim Druck dieses Verzeichnisses (s. Seite 1) – Änderungen, im besonderen der Preise, vorbehalten –

FALKEN

Stoffpuppen
Liebenswerte Modelle selbermachen. (5150) Von I. Wolff, 56 S., 115 Farbfotos, 15 Zeichnungen, mit Schnittmusterbogen, Pappband. ●●

Hobby Puppen
Bezaubernde Modelle selbst gestalten. (0742) Von B. Wenzelburger, 88 S., 163 Farbfotos, 41 Zeichnungen, 11 Schnittmuster, kart. ●●

Selbstgestrickte Puppen
Materialien und Arbeitsanleitungen. (0638) Von B. Wehrle, 32 S., 21 Farbfotos, 24 Zeichnungen, Pappband. ●

Dekorative Rupfenpuppen
Arbeitsanleitungen und Gestaltungsvorschläge. (0733) Von B. Wenzelburger, 32 S., 57 Farbfotos, 14 Zeichnungen, Spiralbindung. ●

Phantasiepuppen stricken und häkeln
Märchenhafte Modelle mit Arbeitsanleitungen. (0813) Von B. Wehrle, 32 S., 26 Farbfotos, 30 einfarbige und 16 dreifarbige Zeichnungen, Pappband. ●

Heißgeliebte Teddybären
Selbermachen · Sammeln · Restaurieren. (0900) Von H. Nadolny, Y. Thalheim, 80 S., 119 Farbfotos, 23 s/w-Zeichnungen, 14 S. Schnittmusterbogen, kart. ●●

Schritt für Schritt zum Scherenschnitt
Materialien · Techniken · Gestaltungsvorschläge. (0732) Von H. Klingmüller, 32 S., 38 Farbfotos, 34 Vorlagen, Pappband. ●

Hobby Drachen
bauen und steigen lassen. (0767) Von W. Schimmelpfennig, 80 S., 1 dreiseitige Ausklapptafel, 55 Farbfotos, 139 Zeichnungen, kart. ●●

Ferngelenkte Motorflugmodelle
bauen und fliegen. (0400) Von W. Thies, 184 S., mit Zeichnungen und Detailplänen, kart. ●●

Flugmodelle
bauen und einfliegen. (0361) Von W. Thies und W. Rolf, 160 S., 63 Abb., 7 Faltpläne, kart. ●●

Kleine Welt auf Rädern
Das faszinierende Spiel mit **Modelleisenbahnen** (4175) Von F. Eisen, 256 S., 72 Farb- und 180 s/w-Fotos, 25 Zeichnungen, Pappband. ●●●

Anlagenbau in Modultechnik
für Modelleisenbahnen und Dioramen. (0845) Von J. Thal, 104 S., 68 Farbfotos, 28 Zeichnungen, kart. ●●●

Videokassette
Die Modelleisenbahn
Anlagenbau in Modultechnik. Neue kreative Gestaltung. Neue raffinierte Techniken. (6028) VHS, von J. Grahn, 30 Min., in Farbe, ●●●●*

Schiffsmodelle
selber bauen. (0500) Von D. und R. Lochner, 200 S., 93 Zeichnungen, 2 Faltpläne, kart. ●●

Ferngelenkte Segelflugmodelle
bauen und fliegen. (0446) Von W. Thies, 176 S., 22 s/w-Fotos, 115 Zeichnungen, kart. ●●

Garagentore selbst bemalt
Techniken und Motive. (0786) Von H. und Y. Nadolny, 32 S., 24 Farbfotos, 12 s/w-Zeichnungen, Pappband. ●

Falken Handbuch
Heimwerken
Reparieren und Selbermachen im Haus und Wohnung - über 1100 Farbfotos. Praktische Tips vom Profi: Selbermachen, Reparieren, Renovieren, Kostensparen. (4117) Von Th. Pochert, 440 S., 1103 Farbfotos, 100 ein- und zweifarbige Abb., Pappband. ●●●●

Falken-Heimwerker-Praxis
Tapezieren
(0743) Von W. Nitschke, 112 S., 186 Farbfotos, 9 Zeichnungen, kart. ●●

Falken-Heimwerker-Praxis
Anstreichen und Lackieren
(0771) Von P. Müller, 120 S., 186 Farbfotos, 2 s/w Fotos, 3 Zeichnungen, kart. ●●

Falken-Heimwerker-Praxis
Fahrrad-Reparaturen
(0796) Von R. van der Plas, 112 S., 140 Farbfotos, 113 farbige Zeichnungen, kart. ●●

Falken-Heimwerker-Praxis
Kleinmöbel aus Holz
(0905) Von O. Maier, 128 S., 210 Farbfotos, 80 Zeichnungen, kart. ●●

Restaurieren von Möbeln
Stilkunde, Materialien, Techniken, Arbeitsanleitungen in Bildfolgen. (4120) Von E. Schnaus-Lorey, 152 S., 37 Farbfotos, 75 s/w Fotos, 352 Zeichnungen, Pappband. ●●●●

Möbel aufarbeiten, reparieren und pflegen
(0386) Von E. Schnaus-Lorey, 96 S., 28 Fotos, 101 Zeichnungen, kart. ●

Feuerzeichen behaglicher Wohnkultur
Kachelöfen, Kamine und Kaminöfen
(4288) Hrsg. von C. Berninghaus. Von R. Heinen, G. Kosicek, H. P. Sabborrosch, 168 S., 291 Farbfotos, 2 s/w-Fotos, 8 Zeichnungen, Pappband. ●●●●●

Moderne Fotopraxis
(4401) Von G. Koshofer, Prof. H. Wedewardt, 224 S., 363 Farbfotos, 106 s/w-Fotos, 5 Farb- und 24 s/w-Zeichnungen, Pappband. ●●●

Aktfotografie
Interpretationen zu einem unerschöpflichen Thema. Gestaltung · Technik · Spezialeffekte. (0737) Von H. Wedewardt, 88 S., 144 Farb- und 6 s/w-Fotos, 6 Zeichnungen, kart. ●●

Videokassette
Aktfotografie
(6001) VHS, Laufzeit ca. 60 Min. in Farbe. ●●●●●*

So macht man bessere Fotos
Das meistverkaufte Fotobuch der Welt. (0614) Von M. L. Taylor, 192 S., 457 Farbfotos, 15 Abb., kart. ●●

Schmalfilmen
Ausrüstung · Aufnahmepraxis · Schnitt · Ton. (0342) Von U. Ney, 108 S., 4 Farbtafeln, 25 s/w-Fotos, kart. ●

Schmalfilme selbst vertonen
(0593) Von U. Ney, 96 S., 57 s/w-Fotos, 14 Zeichnungen, kart. ●

Videografieren
Filmen mit Video 8. Technik – Bildgestaltung – Schnitt – Vertonung. (0843) Von M. Wild, K. Möller, 120 S., 101 Farbfotos, 22 s/w-Fotos, 52 Zeichnungen, kart. ●●

Videokassette
Videografieren
Filmen mit Video 8. Technik – Bildgestaltung – Schnitt – Vertonung. (6031) VHS, (6033) Beta, (6034) Sony 8 mm, von M. Wild, 60 Min., in Farbe. ●●●●●*

Mit vollem Genuß
Pfeife rauchen
Alles über Tabaksorten, Pfeifen und Zubehör. (4227) Von H. Behrens, H. Frickert, 168 S., 127 Farbfotos, 18 Zeichnungen, Pappband. ●●●●

Die Fazination der Philatelie
Briefmarken sammeln
(4273) Von D. Stein, 212 S., 124 s/w-Fotos, 24 Farbtafeln, Pappband. ●●●

Briefmarken
sammeln für Anfänger. (0481) Von D. Stein. 120 S., 4 Farbtafeln, 98 s/w-Abb., kart. ●

Münzen
Ein Brevier für Sammler. (0353) Von E. Dehnke, 128 S., 4 Farbtafeln, 17 s/w-Abb., kart. ●●

Astronomie als Hobby
Sternbilder und Planeten erkennen und benennen. (0572) Von D. Block, 176 S., 16 Farbtafeln, 49 s/w-Fotos, 93 Zeichnungen, kart. ●●

Astronomie im Bild
Unser Sternenhimmel rund ums Jahr
(0849) Von Dr. E. Übelacker, 88 S., 48 Farbfotos, 1 s/w-Foto, 68 Farbzeichnungen, kart. ●●

Freizeit mit dem Mikroskop
(0291) Von M. Deckart, 132 S., 8 Farbtafeln, 64 s/w-Abb., 2 Zeichnungen, kart. ●

Gitarre spielen
Ein Grundkurs für den Selbstunterricht. (0534) Von A. Roßmann, 96 S., 1 Schallfolie, 150 Zeichnungen, kart. ●●●

Komm mit ins Land der Lieder
Das große Buch der Kinder-, Volks- und Chorlieder. (4261) Hrsg. von H. Rauhe, 176 S., 146 Farbzeichnungen, Pappband. ●●●

Die schönsten Wander- und Fahrtenlieder
(0462) Hrsg. von F. R. Miller, empfohlen vom Deutschen Sängerbund, 80 S., mit Noten und Zeichnungen, kart. ●

Die schönsten Volkslieder
(0432) Hrsg. von D. Walther, 128 S., mit Noten und Zeichnungen, kart. ●

Technik

Dampflokomotiven
(4204) Von W. Jopp, 96 S., 134 Farbfotos, Pappband. ●●●

Die Super-Eisenbahnen der Welt
(4287) Von W. Kosak, H. G. Isenberg, 224 S., 269 Farbfotos, 79 s/w-Fotos, 8 Vignetten, 5 farb. Ausklapptafeln, Pappband. ●●●●

Zivilflugzeuge
Vom Kleinflugzeug zum Überschall-Jet (4218) Von R. J. Höhn, H. G. Isenberg, 96 S., 115 Farbfotos, Pappband. ●●●

Trucks
Giganten der Landstraßen in aller Welt. (4222) Von H. G. Isenberg, 96 S., 131 Farbfotos, Pappband. ●●●

Die Super-Trucks der Welt
(4257) Von H. G. Isenberg, 194 S., 205 Farbfotos, 87 s/w-Fotos, 7 Farbzeichnungen, 4 Ausklapptafeln, Pappband. ●●●●

Die hier vorgestellten Bücher, Videokassetten und Software sind in folgende Preisgruppen unterteilt:

● Preisgruppe bis DM 10,–/S 79,–
●● Preisgruppe über DM 10,– bis DM 20,– S 80,– bis S 160,–
●●● Preisgruppe über DM 20,– bis DM 30,– S 161,– bis S 240,–
●●●● Preisgruppe über DM 30,– bis DM 50,– S 241,– bis S 400,–
●●●●● Preisgruppe über DM 50,–/S 401,–
*(unverbindliche Preisempfehlung)

Die Preise entsprechen dem Status beim Druck dieses Verzeichnisses (s. Seite 1) – Änderungen, im besonderen der Preise, vorbehalten –

FALKEN

Die Super-Motorräder der Welt
(4193) Von H. G. Isenberg, 192 S., 170 Farb- und 100 s/w-Fotos, 8 Zeichnungen, Pappband. ●●●●

Motorrad-Hits
Chopper, Tribikes, Heiße Öfen. (4221) Von H. G. Isenberg, 96 S., 119 Farbfotos, Pappband. ●●●

Motorrad-Faszination
Heiße Öfen, von denen jeder träumt. (4223) Von H. G. Isenberg, 96 S., 103 Farb- und 20 s/w-Fotos, Pappband. ●●●

Sport und Fitneß

ZDF Sportjahr '87
Rekorde, Siege, Schicksale, Ergebnisse, Termine '88
(4290) Hrsg. von B. Heller, 192 S., 275 Farb- und 4 s/w-Fotos, kart. ●●

Neue Lehrmethoden der Judo-Praxis
(0424) Von P. Herrmann, 223 S., 475 Abb., kart. ●●

Judo
Grundlagen – Methodik. (0305) Von M. Ohgo, 208 S., 1025 Fotos, kart. ●●

Fußwürfe
für Judo, Karate und Selbstverteidigung. (0439) Von H. Nishioka, 96 S., 260 Abb., kart. ●

Modernes Karate
Das große Standardwerk mit 2229 Abbildungen. (4280) Von T. Okazaki, Dr. med. M. V. Stricevic, übers. von M. Pabst, 376 S., 2279 Abbildungen, Pappband. ●●●●●

Karate für alle
Karate-Selbstverteidigung in Bildern. (0314) Von A. Pflüger, 112 S., 356 s/w-Fotos, kart. ●

Nakayamas Karate perfekt 1
Einführung. (0487) Von M. Nakayama, 136 S., 605 s/w-Fotos, kart. ●●

Nakayamas Karate perfekt 2
Grundtechniken. (0512) Von M. Nakayama, 136 S., 354 s/w-Fotos, 53 Zeichnungen, kart. ●●

Nakayamas Karate perfekt 3
Kumite 1: Kampfübungen. (0538) Von M. Nakayama, 128 S., 424 s/w-Fotos, kart. ●●

Nakayamas Karate perfekt 4
Kumite 2: Kampfübungen. (0547) Von M. Nakayama, 128 S., 394 s/w-Fotos, kart. ●●

Nakayamas Karate perfekt 5
Kata 1: Heian, Tekki. (0571) Von M. Nakayama, 144 S., 1229 s/w-Fotos, kart. ●●

Nakayamas Karate perfekt 6
Kata 2: Bassai-Dai, Kanku-Dai, (0600) Von M. Nakayama, 144 S., 1300 s/w-Fotos, 107 Zeichnungen, kart. ●●

Nakayamas Karate perfekt 7
Kata 3: Jitte, Hangetsu, Empi. (0618) Von M. Nakayama, 144 S., 1988 s/w-Fotos, 105 Zeichnungen, kart. ●●

Nakayamas Karate perfekt 8
Gankaku, Jion. (0650) Von M. Nakayama, 144 S., 1174 s/w-Fotos, 99 Zeichungen, kart. ●●

Kontakt-Karate
Ausrüstung · Technik · Training. (0396) Von A. Pflüger, 112 S., 238 s/w-Fotos, kart. ●●

Karate-Do
Das Handbuch des modernen Karate. (4028) Von A. Pflüger, 360 S., 1159 Abb., Pappband. ●●●●

Bo-Karate
Kukishin-Ryu – die Techniken des Stockkampfes. (0447) Von G. Stiebler, 176 S., 424 s/w-Fotos, 38 Zeichnungen, kart. ●●

Karate 1
Einführung · Grundtechniken. (0227) Von A. Pflüger, 148 S., 195 s/w-Fotos, 120 Zeichnungen, kart. ●

Karate 2
Kombinationstechniken · Katas. (0239) Von A. Pflüger, 176 S., 452 s/w-Fotos und Zeichnungen, kart. ●

Karate Kata 1
Heian 1-5, Tekki 1, Bassai Dai. (0683) Von W.-D. Wichmann, 164 S., 703 s/w-Fotos, kart. ●●

Karate Kata 2
Jion, Empi, Kanku-Dai, Hangetsu. (0723) Von W.-D. Wichmann, 140 S., 661 s/ w-Fotos, 4 Zeichnungen, kart. ●●

25 Shotokan-Katas
Auf einen Blick: Karate-Katas für Prüfungen und Wettkämpfe. (0859) Von A. Pflüger, 88 S., 185 s/w-Abbildungen, 26 ganzseitige Tafeln mit über 1.600 Einzelschritten, kart. ●●

Videokassette
Karate
Einführung und Grundtechniken. (6037) VHS, Von A. Pflüger, ca. 45 Min., in Farbe, ●●●●●*

Ninja 1
Die Lehre der Schattenkämpfer. (0758) Von S. K. Hayes, 144 S., 137 s/w-Fotos, kart. ●●

Ninja 2
Die Wege zum Shoshin (0763) Von S. K. Hayes, 160 S., 309 s/w-Fotos, kart. ●●

Ninja 3
Der Pfad des Togakure-Kämpfers. (0764) Von S. K. Hayes, 144 S., 197 s/w-Fotos, 2 Zeichnungen, kart. ●●

Ninja 4
Das Vermächtnis der Schattenkämpfer. (0807) Von S. K. Hayes, 196 S., 466 s/w-Fotos, kart. ●●

Der König des Kung-Fu
Bruce Lee
Sein Leben und Kampf. (0392) Von L. Lee, 136 S., 104 s/w-Fotos, kart. ●●

Bruce Lees Kampfstil 1
Grundtechniken. (0473) Von B. Lee, M. Uyehara, 109 S., 220 Abb., kart. ●

Bruce Lees Kampfstil 2
Selbstverteidigungs-Techniken. (0486) Von B. Lee, M. Uyehara, 128 S., 310 Abb., kart. ●

Bruce Lees Kampfstil 3
Trainingslehre. (0503) Von B. Lee, M. Uyehara, 112 S., 246 Abb., kart. ●

Bruce Lees Kampfstil 4
Kampftechniken. (0523) Von B. Lee, M. Uyehara, 104 S., 211 Abb., kart. ●

Bruce Lees Jeet Kune Do
(0440) Von B. Lee, 192 S., mit 105 eigenhändigen Zeichnungen von B. Lee, kart. ●●

Ju-Jutsu 1
Grundtechniken – Moderne Selbstverteidigung. (0276) Von W. Heim, F. J. Gresch, 164 S., 450 s/w-Fotos, 8 Zeichnungen, kart. ●

Ju-Jutsu 2
für Fortgeschrittene und Meister. (0378) Von W. Heim, F. J. Gresch, 160 S., 798 s/w- Fotos, kart. ●●

Ju-Jutsu 3
Spezial-, Gegen- und Weiterführungs-Techniken. (0485) Von W. Heim, F. J. Gresch, 200 S., über 600 s/w-Fotos, kart. ●●

Ju-Jutsu als Wettkampf
(0826) Von G. Kulot, 168 S., 418 s/w-Fotos, 2 Zeichnungen, kart. ●●

Nunchaku
Waffe · Sport · Selbstverteidigung. (0373) Von A. Pflüger, 144 S., 247 Abb., kart. ●●

Shuriken · Tonfa · Sai
Stockfechten und andere bewaffnete Kampfsportarten aus Fernost. (0397) Von A. Schulz, 96 S., 253 s/w-Fotos, kart. ●●

Illustriertes Handbuch des Taekwondo
Koreanische Kampfkunst und Selbstverteidigung. (4053) Von K. Gil, 248 S., 1026 Abb., Pappband. ●●●

Taekwon-Do
Koreanischer Kampfsport. (0347) Von K. Gil, 152 S., 408 Abb., kart. ●●

Taekwondo perfekt 1
Die Formenschule bis zum Blaugurt. (0890) Von K. Gil, Kim Chul-Hwan, 176 S., 439 s/w-Fotos, 107 Zeichnungen, kart. ●●

Aikido
Lehren und Techniken des harmonischen Weges. (0537) Von R. Brand, 280 S., 697 Abb., kart. ●●

Kung-Fu und Tai-Chi
Grundlagen und Bewegungsabläufe. (0367) Von B. Tegner, 182 S., 370 s/w-Fotos, kart. ●●

Kung-Fu
Theorie und Praxis klassischer und moderner Stile. (0376) Von M. Pabst, 160 S., 330 Abb., kart. ●●

Shaolin-Kempo – Kung-Fu
Chinesisches Karate im Drachenstil. (0395) Von R. Czerni, K. Konrad. 246 S., 723 Abb., kart. ●●

Hap Ki Do
Grundlagen und Techniken koreanischer Selbstverteidigung. (0379) Von Kim Sou Bong, 112 S., 153 Abb., kart. ●●

Dynamische Tritte
Grundlagen für den Zweikampf. (0438) Von C. Lee, 96 S., 398 s/w-Fotos, 10 Zeichnungen, kart. ●

Kickboxen
Fitneßtraining und Wettkampfsport. (0795) Von G. Lemmens, 96 S., 208 s/w-Fotos, 23 Zeichnungen, kart. ●●

Selbstverteidigung
Abwehrtechniken für Sie und Ihn (0853) Von E. Deser, 96 S., 259 s/w-Fotos, kart. ●

Muskeltraining mit Hanteln
Leistungssteigerung für Sport und Fitness. (0676) Von H. Schulz, 108 S., 92 s/w-Fotos, 2 Zeichnungen, kart. ●

Leistungsfähiger durch Krafttraining
Eine Anleitung für Fitness-Sportler, Trainer und Athleten (0617) Von W. Kieser, 100 S., 20 s/w-Fotos, 62 Zeichnungen, kart. ●

Die Faszination athletischer Körper
Bodybuilding
mit Weltmeister Ralf Möller. (4281) Von R. Möller, 128 S., 169 Farbfotos, 14 s/w-Fotos, 1 Farbzeichnung, Pappband. ●●●●

Die hier vorgestellten Bücher, Videokassetten und Software sind in folgende Preisgruppen unterteilt:

● Preisgruppe bis DM 10,–/S 79,–
●● Preisgruppe über DM 10,– bis DM 20,– S 80,– bis S 160,–
●●● Preisgruppe über DM 20,– bis DM 30,– S 161,– bis S 240,–
●●●● Preisgruppe über DM 30,– bis DM 50,– S 241,– bis S 400,–
●●●●● Preisgruppe über DM 50,–/S 401,–
*(unverbindliche Preisempfehlung)

Die Preise entsprechen dem Status beim Druck dieses Verzeichnisses (s. Seite 1) – Änderungen, im besonderen der Preise, vorbehalten –

Bodybuilding
Anleitung zum Muskel- und Konditionstraining für sie und ihn. (0604) Von R. Smolana. 160 S., 171 s/w-Fotos, kart. ●

Hanteltraining zu Hause
(0800) Von W. Kieser, 80 S., 71 s/w-Fotos, 4 Zeichnungen, kart. ●

Fit und gesund
Körpertraining und Bodybuilding zu Hause. (0782) Von H. Schulz, 80 S., 100 Farbfotos, 3 Zeichnungen, kart. ●●

Videokassette
Fit und gesund
(6013) VHS, Laufzeit 30 Minuten, in Farbe. ●●●●*

Bodybuilding für Frauen
Wege zu Ihrer Idealfigur (0661) Von H. Schulz, 108 S., 84 s/w-Fotos, 4 Zeichnungen, kart. ●●

Bodyshaping · Bodybuilding
Mit Anja Albrecht zur Idealfigur. (4405) Von A. Albrecht, 128 S., 164 Farbfotos, 4 s/w-Fotos, 1 Farb- und 1 s/w-Zeichnung, Pappband. ●●●●

Optimale Ernährung
für Krafttraining und Budybuilding. (0912) Von B. Dahmen, 88 S., 8 Farbtafeln, 8 Zeichnungen, kart. ●

Top-Form im Sport
Ernährungs-Training
Das Erfolgsprogramm für den Ausdauersportler. (0945) Von M. Inzinger, Dipl.-Oec. troph. G. Wagner, 160 S., 31 Farbzeichnungen, 16 Grafiken, kart. ●●

Gesund und leistungsfähig durch
Konditionsübungen, Fitneßtraining, Wirbelsäulengymnastik
(0844) Von R. Milser, K. Grafe, 104 S., 99 Farbfotos, 12 Farbzeichnungen, 5 s/w-Zeichnungen, kart. ●●

Stretching
Mit Dehnungsgymnastik zu Entspannung. Geschmeidigkeit und Wohlbefinden. (0717) Von H. Schulz, 80 S. 90 s/w-Fotos, kart. ●

Isometrisches Training
Übungen für Muskelkraft und Entspannung. (0529) Von L. M. Kirsch, 140 S., 162 s/w-Fotos, kart. ●

Gesund und fit durch Gymnastik
(0366) Von H. Pilss-Samek, 132 S., 150 Abb., kart. ●

Spaß am Laufen
Jogging für die Gesundheit. (0470) Von W. Sonntag, 140 S., 41 s/w-Fotos, 1 Zeichnung, kart. ●

Mein bester Freund, der Fußball
(5107) Von D. Brüggemann, D. Albrecht, 144 S., 171 Abb., kart. ●●

Fußball
Training und Wettkampf. (0448) Von H. Obermann, P. Walz, 166 S., 92 s/w-Fotos, 15 Zeichnungen, 29 Diagramme, kart. ●●

Handball
Technik · Taktik · Regeln. (0426) Von F. und P. Hattig, 128 S., 91 s/w-Fotos, 121 Zeichnungen, kart. ●●

Volleyball
Technik · Taktik · Regeln. (0351) Von H. Huhle, 104 S., 330 Abb., kart. ●

Badminton
Technik · Taktik · Training. (0699) Von K. Fuchs, L. Sologub, 168 S., 51 Abb., kart., ●●

Die neue Tennis-Praxis
Der individuelle Weg zu erfolgreichem Spiel. (4097) Von R. Schönborn, 240 S., 202 Farbzeichnungen, 31 s/w-Abb., Pappband. ●●●●

Erfolgreiche Tennis-Taktik
(4086) Von R. Ford Greene, übersetzt von M. R. Fischer, 182 S., 87 Abb., kart. ●●

Moderne Tennistechnik
(4187) Von G. Lam, 192 S., 339 s/w-Fotos, 91 Zeichnungen, kart. ●●●

Tennis
Technik · Taktik · Regeln. (0375) Von H. Elschenbroich, 112 S., 81 Abb., kart. ●

Tischtennis-Technik
Der individuelle Weg zu erfolgreichem Spiel. (0775) Von M. Perger, 144 S., 296 Abb. kart. ●●

Squash
Ausrüstung · Technik · Regeln. (0539) Von D. von Horn, H.-D. Stünitz, 96 S., 55 s/w-Fotos, 25 Zeichnungen, kart. ●

Golf
Ausrüstung · Technik · Regeln. (0343) Von J. C. Jessop, übersetzt von H. Biemer, mit einem Vorwort von H. Krings, Präsident des Deutschen Golf-Verbandes, 160 S., 65 Abb., Anhang Golfregeln des DGV, kart. ●●

Pool-Billard
(0484) Herausgegeben vom Deutschen Pool- Billard-Bund, von M. Bach, K.-W. Kühn, 104 S., mit über 64 Abb., kart. ●

Sportschießen
für jedermann. (0502) Von A. Kovacic, 124 S., 116 s/w-Fotos, kart. ●●

Fechten
Florett · Degen · Säbel. (0449) Von E. Beck, 88 S., 185 Fotos, 10 Zeichnungen, kart. ●●

Wir lernen tanzen
Standard- und lateinamerikanische Tänze. (0200) Von E. Fern, 168 S., 118 s/w-Fotos, 47 Zeichnungen, kart. ●

So tanzt man Rock'n'Roll
Grundschritte · Figuren · Akrobatik. (0573) Von W. Steuer und G. Marz, 224 S., 303 Abb., kart. ●●

Tanzen überall
Discofox, Rock'n'Roll, Blues, Langsamer Walzer, Cha-Cha-Cha zum Selberlernen. (0760) Von H. M. Pritzer, 112 S., 128 Farbfotos, kart. ●●

Anmutig und fit durch
Bauchtanz
(0911) Von Marta, 120 S., 229 Farbfotos, 6 s/w-Zeichnungen, kart. ●●

Fit mit **Stretching**
(2304) Von B. Kurz, 96 S., 255 Farbfotos, kart. ●●

Fit mit **Tai Chi**
als sanfte Körpererfahrung
(2305) Von B. u. K. Moegling, 112 S., 121 Farbfotos, 6 Farb- u. 4 s/w-Zeichnungen, kart. ●●

Fit mit **Volleyball**
(2302) Von Dr. A. Scherer, 104 S., 27 Farb- und 1 s/w-Foto, 12 Farb- und 29 s/w-Zeichnungen, kart. ●●

Fit mit **Tanzen**
(2303) Von K. Richter, H. Kleinow, 88 S., 94 Farbfotos, kart. ●●

Fit mit **Karate**
(2308) Von A. Pflüger, 96 S., 134 Farbfotos, 4 s/w-Zeichnungen, kart. ●●

Funboard-Surfen
Material · Technik · Regatten · Internationale Reviere. (4297) Von J. Evans, 144 S., 106 Farbfotos, 9 Farbzeichnungen, 68 zweifarbige und 5 s/w-Zeichnungen, kart. ●●●

Segeln
Der neue Grundschein – Vorstufe zum A-Schein – Mit Prüfungsfragen. (5147) Von C. Schmidt, 80 S., 8 Farbtafeln, 18 Farbfotos, 82 Zeichnungen, kart., ●●

Falken-Handbuch
Angeln
in Binnengewässern und im Meer. (4090) Von H. Oppel, 344 S., 24 Farbtafeln, 66 s/w-Fotos, 151 Zeichnungen, gebunden. ●●●●

Angeln
Kleine Fibel für den Sportfischer. (0198) Von E. Bondick, 96 S., 116 Abb., kart. ●

Sportfischen
Fische – Geräte – Techniken. (0324) Von H. Oppel, 144 S., 49 s/w-Fotos, 8 Farbtafeln, kart. ●

Sporttauchen
Theorie und Praxis des Gerätetauchens. (0647) Von S. Müßig, 144 S., 8 Farbtafeln, 35 s/w-Fotos, 89 Zeichnungen, kart. ●●

Ski-Gymnastik
Fit für Piste und Loipe. (0450) Von H. Pilss-Samek, 104 S., 67 s/w-Fotos, 20 Zeichnungen, kart. ●

Alpiner Skisport
Ausrüstung · Techniken · Skigymnastik. (5130) Von K. Meßmann, 128 S., 8 Farbtafeln, 93 s/ w-Fotos, 45 Zeichnungen, kart. ●●

Skilanglauf, Skiwandern
Ausrüstung · Techniken · Skigymnastik. (5129) Von T. Reiter und R. Kerler, 80 S., 8 Farbtafeln, 85 Zeichnungen und s/w-Fotos, kart. ●●

Eishockey
Lauf- und Stocktechnik, Körperspiel, Taktik, Ausrüstung und Regeln. (0414) Von J. Čapla, 264 S., 548 s/w-Fotos, 163 Zeichnungen, kart. ●●

Fibel für Kegelfreunde
Sport- und Freizeitkegeln · Bowling. (0191) Von G. Bocsai, 72 S., 62 Abb., kart. ●

Beliebte und neue Kegelspiele
(0271) Von G. Bocsai, 92 S., 62 Abb., kart. ●

111 spannende Kegelspiele
(2031) Von H. Regulski, 88 S., 53 Zeichnungen, kart., ●

Schach

Einführung in das Schachspiel
(0104) Von W. Wollenschläger und K. Colditz, 92 S., 116 Diagramme, kart. ●

Falken-Handbuch **Schach**
(4051) Von T. Schuster, 360 S., über 340 Diagramme, gebunden. ●●●●

Spielend Schach lernen
(2002) Von T. Schuster, 128 S., kart. ●

Kinder- und Jugendschach
Offizielles Lehrbuch des Deutschen Schachbundes zur Erringung der Bauern-, Turm- und Königsdiplome. (0561) Von B. J. Withuis, H. Pfleger, 144 S., 220 Zeichnungen und Diagramme, kart. ●●

Neue Schacheröffnungen
(0478) Von T. Schuster, 108 S., 100 Diagramme, kart. ●

Die hier vorgestellten Bücher, Videokassetten und Software sind in folgende Preisgruppen unterteilt:

● Preisgruppe bis DM 10,–/S 79,–
●● Preisgruppe über DM 10,– bis DM 20,– S 80,– bis S 160,–
●●● Preisgruppe über DM 20,– bis DM 30,– S 161,– bis S 240,–
●●●● Preisgruppe über DM 30,– bis DM 50,– S 241,– bis S 400,–
●●●●● Preisgruppe über DM 50,–/S 401,–
*(unverbindliche Preisempfehlung)

Die Preise entsprechen dem Status beim Druck dieses Verzeichnisses (s. Seite 1) – Änderungen, im besonderen der Preise, vorbehalten –

Schach für Fortgeschrittene
Taktik und Probleme des Schachspiels. (0219) Von R. Teschner, 96 S., 85 Diagramme, kart. ●

Taktische Schachendspiele
(0752) Von J. Nunn, 200 S., 151 Diagramme, kart. ●●

Die Schach-Revanche
Kasparow/Karpow 1986. (0831) Von O. Borik, H. Pfleger, M. Kipp-Thomas, 144 S., 19 s/w-Fotos, 72 Diagramme, kart. ●●

Schachstrategie
Ein Intensivkurs mit Übungen und ausführlichen Lösungen. (0584) Von A. Koblenz, dt. Bearb. von K. Colditz, 212 S., 240 Diagramme, kart. ●●

Schachtraining mit den Großmeistern
(0670) Von H. Bouwmeester, 128 S., 90 Diagramme, kart. ●●

Schach als Kampf
Meine Spiele und mein Weg. (0729) Von G. Kasparow, 144 S., 95 Diagramme, 9 s/w-Fotos, kart. ●●

Helmut Pflegers
Schachkabinett
Amüsante Aufgaben – überraschende Lösungen. (0877) Von H. Pfleger, 160 S., 118 Diagramme, kart. ●●

Die besten Partien deutscher Schachgroßmeister
(4121) Von H. Pfleger, 192 S., 29 s/w-Fotos, 89 Diagramme, Pappband. ●●●

Lehr-, Übungs- und Testbuch der Schachkombinationen
(0649) Von K. Colditz, 184 S., 227 Diagramme, kart. ●●

Die hohe Schule der
Schachkombination
(0920) Von W. Golz, P. Keres, 272 S., 322 Diagramme, Pappband. ●●

Offizielles Lehrbuch des Deutschen Schachbundes
Das systematische Schachtraining
Trainingsmethoden, Strategien und Kombinationen. (0857) Von Sergiu Samarian, 152 S., 159 Diagramme, 1 Zeichnung, kart. ●●

So denkt ein Schachmeister
Strategische und taktische Analysen. (0915) Von H. Pfleger, G. Treppner, 120 S., 75 Diagramme, kart. ●●

FALKEN-SOFTWARE
Das komplette Schachprogramm
Spielen, Trainieren, Problemlösen mit dem Computer. (7006) Von J. Egger, Diskette für C 64, C 128 PC, mit Begleitheft. ●●●●●*

Zug um Zug
Schach für jedermann 1
Offizielles Lehrbuch des Deutschen Schachbundes zur Erringung des Bauerndiploms. (0648) Von H. Pfleger, E. Kurz, 80 S., 24 s/w-Fotos, 8 Zeichnungen, 60 Diagramme, kart. ●

Zug um Zug
Schach für jedermann 2
Offizielles Lehrbuch des Deutschen Schachbundes zur Erringung des Turmdiploms. (0659) Von H. Pfleger, E. Kurz, 132 S., 8 s/w-Fotos, 14 Zeichnungen, 78 Diagramme, kart. ●

Zug um Zug
Schach für jedermann 3
Offizielles Lehrbuch des Deutschen Schachbundes zur Erringung des Königdiploms. (0728) Von H. Pfleger, G. Treppner, 128 S., 4 s/w-Fotos, 84 Diagramme, 10 Zeichnungen, kart. ●

Zug um Zug
Schach für jedermann 1
(7015) Wendediskette für C 64/C 128 PC, mit Begleitheft. ●●●●*
(7005) Wendediskette für Atari ST 520/1040, mit Begleitheft. ●●●●●*

Schach mit dem Computer
(0747) Von D. Frickenschmidt, 140 S., 112 Diagramme, 29 s/w-Fotos, 5 Zeichnungen, kart. ●●

Spiele und Denksport

Kartenspiele
(2001) Von C. D. Grupp, 144 S., kart. ●

Neues Buch der siebzehn und vier Kartenspiele
(0095) Von K. Lichtwitz, 96 S., kart. ●

Alles über Pokern
Regeln und Tricks. (2024) Von C. D. Grupp, 112 S., 29 Kartenbilder, kart. ●

Rommé und Canasta
in allen Variationen. (2025) Von C. D. Grupp, 124 S., 24 Zeichnungen, kart., ●

Schafkopf, Doppelkopf, Binokel, Cego, Gaigel, Jaß, Tarock und andere „Lokalspiele".
(2015) Von C. D. Grupp, 152 S., kart. ●●

Spielend Skat lernen
unter freundlicher Mitarbeit des Deutschen Skatverbandes. (2005) Von Th. Krüger, 156 S., 181 s/w-Fotos, 22 Zeichnungen, kart. ●

Das Skatspiel
Eine Fibel für Anfänger. (0206) Von K. Lehnhoff, überarb. von P. A. Höfges, 96 S., kart. ●

Black Jack
Regeln und Strategien des Kasinospiels. (2032) Von K. Kelbratowski, 88 S., kart. ●

Falken-Handbuch **Patiencen**
Die 111 interessantesten Auslagen. (4151) Von U. v. Lyncker, 216 S., 108 Abbildungen, Pappband. ●●●

Patiencen
in Wort und Bild. (2003) Von I. Wolter, 136 S., kart. ●

Neue Patienten
(2036) Von H. Sosna, 160 S., 43 Farbtafeln, kart. ●●

Falken-Handbuch **Bridge**
Von den Grundregeln zum Turnierspiel. (4092) Von W. Voigt und K. Ritz, 280 S., 792 Zeichnungen, gebunden. ●●●●

Spielend Bridge lernen
(2012) Von J. Weiss, 108 S., 58 Zeichnungen, kart. ●

Spieltechnik im Bridge
(2004) Von V. Mollo und N. Gardener, deutsche Adaption von D. Schröder, 216 S., kart. ●●

Besser Bridge spielen
Reiztechnik, Spielverlauf und Gegenspiel. (2026) Von J. Weiss, 144 S., 60 Diagramme, kart. ●●

Herausforderung im Bridge
200 Aufgaben mit Lösungen. (2033) Von V. Mollo, 152 S., kart. ●●

Präzisions-Treff im Bridge
(2037) Von E. Jannersten, 152 S., kart. ●●

Kartentricks
(2010) Von T. A. Rosee, 80 S., 13 Zeichnungen, kart. ●

Mah-Jongg
Das chinesische Glücks-, Kombinations- und Gesellschaftsspiel. (2030) Von U. Eschenbach, 80 S., 30 s/w-Fotos, 5 Zeichnungen, kart. ●

Neue Kartentricks
(2027) Von K. Pankow, 104 S., 20 Abb., kart. ●

Backgammon
für Anfänger und Könner. (2008) Von G. W. Fink und G. Fuchs, 116 S., 41 Abb., kart. ●

Würfelspiele
für jung und alt. (2007) Von F. Pruss, 112 S., 21 s/w-Zeichnungen, kart. ●

Gesellschaftsspiele
für drinnen und draußen. (2006) Von H. Görz, 128 S., kart. ●

Spiele für Party und Familie
(2014) Von Rudi Carrell, 160 S., 50 Abb., kart. ●

Das japanische Brettspiel Go
(2020) Von W. Dörholt, 104 S., 182 Diagramme, kart. ●

Roulette richtig gespielt
Systemspiele, die Vermögen brachten. (0121) Von M. Jung, 96 S., zahlreiche Tabellen, kart. ●

Spielend Roulette lernen
(2034) Von E. P. Caspar, 152 S., 1 s/w-Foto, 45 Zeichnungen, kart. ●●

Gesellschaftsspiele
für drinnen und draußen. (2006) Von H. Görz, 128 S., kart. ●

Spiele für Party und Familie
(2014) Von Rudi Carrel, 160 S., 50 Abb. kart. ●

Neue Spiele für Ihre Party
(2022) Von G. Blechner, 120 S., 54 Zeichnungen, kart. ●

Lustige Tanzspiele und Scherztänze
für Partys und Feste. (0165) Von E. Bäulke, 80 S., 53 Abb., kart. ●

Straßenfeste, Flohmärkte und Basare
Praktische Tips für Organisation und Durchführung. (0592) Von H. Schuster, 96 S., 52 Fotos, 17 Zeichnungen, kart. ●●

Zaubertricks für jedermann
(0282) Von J. Merlin, 176 S., 113 Abb., kart. ●●

Zaubern
einfach - aber verblüffend. (2018) Von D. Bouch, 84 S., 41 Zeichnungen, kart. ●

Magische Zaubereien
(0672) Von Widenmann, 64 S., 31 Zeichnungen, kart. ●

Kinderspiele
die Spaß machen. (2009) Von H. Müller-Stein, 112 S., 28 Abb., kart. ●

Spiele für Kleinkinder
(2011) Von D. Kellermann, 80 S., 23 Abb., kart. ●

Spiel und Spaß am Krankenbett
für Kinder und die ganze Familie. (2035) Von H. Bücken, 104 S., 97 Zeichnungen, kart. ●

Die hier vorgestellten Bücher, Videokassetten und Software sind in folgende Preisgruppen unterteilt:

● Preisgruppe bis DM 10,–/S 79,–
●● Preisgruppe über DM 10,– bis DM 20,– S 80,– bis S 160,–
●●● Preisgruppe über DM 20,– bis DM 30,– S 161,– bis S 240,–
●●●● Preisgruppe über DM 30,– bis DM 50,– S 241,– bis S 400,–
●●●●● Preisgruppe über DM 50,–/S 401,–
*(unverbindliche Preisempfehlung)

Die Preise entsprechen dem Status beim Druck dieses Verzeichnisses (s. Seite 1) – Änderungen, im besonderen der Preise, vorbehalten –

FALKEN

Falken-Verlag GmbH · Postfach 1120 D-6272 Niedernhausen/Ts. · Tel.: 06127/7020

Kasperletheater
Spieltexte und Spielanleitungen · Basteltips für Theater und Puppen. (0641) Von U. Lietz, 136 S., 4 Farbtafeln, 12 s/w-Fotos, 39 Zeichnungen, kart. ●

Knobeleien und Denksport
(2019) Von K. Rechberger, 142 S., 105 Zeichnungen, kart. ●

Das Geheimnis der magischen Ringe
Alles über das Puzzle vom Würfel-Erfinder. Die schönsten Figuren.
(0878) Von Dr. Ch. Bandelow, 96 S., 198 Zeichnungen, 8 Cartoons, kart. ●

Quiz
Mehr als 1500 ernste und heitere Fragen aus allen Gebieten. (0129) Von R. Sautter und W. Pröve, 92 S., 9 Zeichnungen, kart. ●

500 Rätsel selberraten
(0681) Von E. Krüger, 272 S., kart. ●

501 Rätsel selberraten
(0711) Von E. Krüger, 272 S., kart. ●

Riesen-Kreuzwort-Rätsel-Lexikon
über 250.000 Begriffe. (4197) Von H. Schiefelbein, 1024 S., Pappband. ●●●

Das Super-Kreuzwort-Rätsel-Lexikon
Über 150.000 Begriffe. (4279) Von H. Schiefelbein, 688 S., Pappband. ●●

Guten Tag, Kinder!
Neue Texte mit Spielanleitungen fürs Kasperletheater. (0861) Von U. Lietz, 96 S., 18 s/w-Zeichnungen, kart. ●

Kindergeburtstag
Vorbereitung, Spiel und Spaß. (0287) Von Dr. I. Obrig, 136 S., 40 Abb., 11 Zeichnungen, 9 Lieder mit Noten, kart. ●

Kindergeburtstage die keiner vergißt
Planung, Gestaltung, Spielvorschläge. (0698) Von G. und G. Zimmermann, 102 S., 80 Vignetten, kart. ●

Kinderfeste
daheim und in Gruppen. (4033) Von G. Blechner, 240 S., 320 Abb., kart. ●●

Scherzfragen, Drudel und Blödeleien
gesammelt von Kindern. (0506) Hrsg. von W. Pröve, 112 S., 57 Zeichnungen, kart. ●

Humor und Unterhaltung

Heitere Vorträge und witzige Reden
Lachen, Witz und gute Laune. (0149) Von E. Müller, 104 S., 44 Abb., kart. ●

Heitere Vorträge
(0528) Von E. Müller, 128 S., 14 Zeichnungen, kart. ●

Die große Lachparade
Neue Texte für heitere Vorträge und Ansagen. (0188) Von E. Müller, 80 S., kart. ●

So feiert man Feste fröhlicher
Heitere Vorträge und Gedichte.
(0098) Von Dr. Allos, 96 S., 15 Abb., kart. ●

Lustige Vorträge für fröhliche Feiern
(0284) Von K. Lehnhoff, 96 S., kart. ●

Vergnügliches Vortragsbuch
(0091) Von J. Plaut, 192 S., kart. ●

Humor und Stimmung
Ein heiteres Vortragsbuch. (0460) Von G. Wagner, 112 S., kart. ●

Humor und gute Laune
Ein heiteres Vortragsbuch. (0635) Von G. Wagner, 112 S., 5 Zeichnungen, kart. ●

Gereimte Vorträge
für Bühne und Bütt. (0567) Von G. Wagner, 96 S., kart. ●

Damen in der Bütt
Scherze, Büttenreden, Sketsche.
(0354) Von T. Müller, 136 S., kart. ●

Narren in der Bütt
Leckerbissen aus dem rheinischen Karneval.
(0216) Zusammengestellt von T. Lücker, 112 S., kart. ●

Rings um den Karneval
Karnevalsscherze und Büttenreden. (0130) Von Dr. Allos, 144 S., 2 Zeichnungen, kart. ●●

Helau und Alaaf 1
Närrisches aus der Bütt.
(0304) Von E. Müller, 112 S., 4 Zeichnungen, kart. ●

Helau und Alaaf 2
Neue Büttenreden.
(0477) Von E. Luft, 104 S., kart. ●

Helau und Alaaf 3
Neue Reden für die Bütt. (0832) Von H. Fauser, 144 S., 13 Zeichnungen, kart. ●

Wir feiern Karneval
Festgestaltung und Reden für die närrische Zeit. (0904) Von M. Zweigler, 120 S., 4 Zeichnungen, kart. ●

Tolle Sketche
mit zündenden Pointen – zum Nachspielen.
(0656) Von E. Cohrs, 112 S., kart. ●

Vergnügliche Sketche
(0476) Von H. Pillau, 96 S., 7 Zeichnungen, kart. ●

Fidele Sketche und heitere Vorträge
Humor zum Nachspielen. (0157) Von H. Ehnle. 96 S., kart. ●

Vorhang auf!
Neue Sketche für jung und alt.
(0898) Von H. Pillau, 96 S., 22 Zeichnungen, kart. ●

Sketche und spielbare Witze
für bunte Abende und andere Feste. (0445) Von H. Friedrich, 120 S., 7 Zeichnungen, kart. ●

Sketche
Kurzspiele zu amüsanter Unterhaltung.
(0247) Von M. Gering, 132 S., 16 Abb., kart., ●

Witzige Sketche zum Nachspielen
(0511) Von D. Hallervorden, 160 S., kart. ●●

Sketche und Blackouts zum Nachspielen
(0941) Von E. Cohrs, 112 S., 12 Zeichnungen, kart. ●

Locker vom Hocker
Witzige Sketche zum Nachspielen.
(4262) Von W. Giller, 144 S., 41 Zeichnungen, Pappband. ●●

Phantasievolles Schminken
Verzauberte Gesichter für Maskeraden, Laienspiel und Kinderfeste. (0907) Hrsg. von Y. u. H. Nadolny, 64 S., 227 Farbfotos, kart. ●●

Die Kleidermotte ernährt sich von nichts, sie frißt nur Löcher
Stilblüten, Sprüche und Widersprüche aus Schule, Zeitung, Rundfunk und Fernsehen.
(0738) Von P. Haas, D. Kroppach, 112 S., zahlreiche Abb. kart. ●

Da lacht das Publikum
Neue lustige Vorträge für viele Gelegenheiten. (0716) Von H. Schmalenbach, 104 S., kart. ●

Witzig, witzig
(0507) Von E. Müller, 128 S., 16 Zeichnungen, kart. ●

Die besten Witze und Cartoons des Jahres 1
(0454) Hrsg. von K. Hartmann, 288 S., 125 Zeichnungen, geb. ●●

Die besten Witze und Cartoons des Jahres 4
(0579) Hrsg. von K. Hartmann, 288 S., 140 Zeichnungen, Pappband. ●●

Die besten Witze und Cartoons des Jahres 5
(0642) Hrsg. von K. Hartmann, 288 S., 88 Zeichnungen, Pappband. ●●

Die besten Witze und Cartoons des Jahres 6
(0916) Hrsg. von D. Kroppach, 288 S., 84 Zeichnungen, Pappband. ●●

Das Superbuch der Witze
(4146) Von B. Bornheim, 504 S., 54 Cartoons, Pappband. ●●

Witze
Lachen am laufenden Band (4241) Von J. Burkert, D. Kroppach, 400 S., 41 Zeichnungen, Pappband. ●●

Heller Wahnwitz
(0887) Von D. Kroppach, 220 S., 200 Vignetten, kart. ●

Spaßvögel
Über sexhundert komische Nummern.
(0888) Von E. Zeller, mit Limericks von W. Müller, 220 S., 200 Vignetten, kart. ●

Total bescheuert
Kinder- und Schülerwitze.
(0889) Von G. Geßner und E. Zeller, 220 S., 200 Vignetten, kart. ●

Die besten Beamtenwitze
(0574) Hrsg. von W. Pröve, 112 S., 59 Cartoons, kart. ●

Die besten Kalauer
(0705) Von K. Frank, 112 S., 12 Zeichnungen, kart., ●

Robert Lembkes Witzauslese
(0325) Von Robert Lembke, 160 S., 10 Zeichnungen von E. Köhler, Pappband. ●●

Fred Metzlers Witze mit Pfiff
(0368) Von F. Metzler, 112 S., kart. ●

O frivol ist mir am Abend
Pikante Witze von Fred Metzler. (0388) Von F. Metzler, 128 S., mit Karikaturen, kart. ●

Herrenwitze
(0589) Von G. Wilhelm, 112 S., 31 Zeichnungen, kart. ●

Witze am laufenden Band
(0461) Von F. Asmussen, 118 S., kart. ●

Horror zum Totlachen
Gruselwitze
(0536) Von F. Lautenschläger, 96 S., 44 Zeichnungen, kart. ●

Die besten Ostfriesenwitze
(0495) Hrsg. von O. Freese, 80 S., 15 Zeichnungen, kart. ●

Olympische Witze
Sportlerwitze in Wort und Bild.
(0505) Von W. Willnat, 112 S., 126 Zeichnungen, kart. ●

Ich lach mich kaputt! Die besten Kinderwitze
(0545) Von E. Hannemann, 128 S., 15 Zeichnungen, kart. ●

Die hier vorgestellten Bücher, Videokassetten und Software sind in folgende Preisgruppen unterteilt:

● Preisgruppe bis DM 10,–/S 79,–
●● Preisgruppe über DM 10,– bis DM 20,– S 80,– bis S 160,–
●●● Preisgruppe über DM 20,– bis DM 30,– S 161,– bis S 240,–
●●●● Preisgruppe über DM 30,– bis DM 50,– S 241,– bis S 400,–
●●●●● Preisgruppe über DM 50,–/S 401,–
*(unverbindliche Preisempfehlung)

Die Preise entsprechen dem Status beim Druck dieses Verzeichnisses (s. Seite 1) – Änderungen, im besonderen der Preise, vorbehalten –

FALKEN

Lach mit!
Witze für Kinder, gesammelt von Kindern. (0468) Hrsg. von W. Pröve, 96 S., 17 Zeichnungen, kart. ●

Die besten Kinderwitze
(0757) Von K. Rank, 112 S., 28 Zeichnungen, kart. ●

Lustige Sketche für Jungen und Mädchen
Kurze Theaterstücke für Jungen und Mädchen. (0669) Von U. Lietz und U. Lange, 104 S., kart. ●

Spielbare Witze für Kinder
(0824) Von H. Schmalenbach, 128 S., 30 Zeichnungen, kart. ●

Garten, Tiere, Umwelt

Garten heute
Der moderne Ratgeber · Über 1000 Farbbilder. (4283) Von H. Jantra, 384 S., über 1000 Farbabbildungen, Pappband. ●●●●

Das Gartenjahr
Arbeitsplan für den Hobbygärtner. (4075) Von G. Bambach, 152 S., 16 Farbtafeln, 141 Abb., kart. ●●

Gärtner Gustavs Gartenkalender
Arbeitspläne · Pflanzenporträts · Gartenlexikon. (4155) Von G. Schoser, 120 S., 146 Farbfotos, 13 Tabellen, 203 farbige Zeichnungen, Pappband. ●●●

Der richtige Schnitt von Obst- und Ziergehölzen, Rosen und Hecken
(0619) Von E. Zettl, 88 S., 8 Farbtafeln, 39 Zeichnungen, 21 s/w-Fotos, kart. ●

Blumenpracht im Garten
(5014) Von I. Manz, 64 S., 93 Farbfotos, Pappband. ●●

Blütenpracht in Haus und Garten
(4145) Von M. Haberer, u. a., 352 S., 1012 Farbfotos, Pappband. ●●●●

Sag's mit Blumen
Pflege und Arrangieren von Schnittblumen. (5103) Von P. Möhring, 64 S., 68 Farbfotos, 2 s/w-Abb., Pappband. ●●

Grabgestaltung
Bepflanzung und Pflege zu jeder Jahreszeit. (5120) Von N. Uhl, 64 S., 77 Farbfotos, 2 Zeichnungen, Pappband. ●●

Wintergärten
Das Erlebnis, mit der Natur zu wohnen. Planen, Bauen und Gestalten. (4256) Von LOG, ID, 136 S., 130 Farbfotos, 107 Zeichnungen, Pappband. ●●●●

Häuser in lebendigem Grün
Fassaden und Dächer mit Pflanzen gestalten. (0846) Von U. Mehl, K. Werk, 88 S., 116 Farbfotos, 4 Farb- und 17 s/w-Zeichnungen, kart. ●●

Rund ums Jahr erfolgreich gärtnern
Gewächshäuser
planen · bauen · einrichten · nutzen. (4408) Von Dr. G. Schoser, J. Wolff, 232 S., 315 Farbfotos, 5 s/w-Fotos, 53 Farbzeichnungen, Pappband. ●●●●●

Gartenteiche und Wasserspiele
planen, anlegen und pflegen. (4083) Von H. R. Sikora, 160 S., 31 Farb- und 31 s/w-Fotos, 73 Zeichnungen, Pappband. ●●●

Wasser im Garten
Von der Vogeltränke zum Naturteich – Natürliche Lebensräume selbst gestalten. (4230) Von H. Hendel, P. Keßeler, 240 S., 247 Farbfotos, 68 Farbzeichnungen, Pappband. ●●●●●

Mein kleiner Gartenteich
planen – anlegen – pflegen (0851) Von I. Polaschek, 144 S., 85 Farbfotos, 10 Farbzeichnungen, kart. ●●

Leben im Naturgarten
Der Biogärtner und seine gesunde Umwelt. (4124) Von N. Jorek, 128 S., 68 s/w-Fotos, kart. ●●

So wird mein Garten zum Biogarten
Alles über die Umstellung auf naturgemäßen Anbau. (0706) Von I. Gabriel, 128 S., 73 Farbfotos, 54 Farbzeichnungen, kart. ●●

Gesunde Pflanzen im Biogarten
Biologische Maßnahmen bei Schädlingsbefall und Pflanzenkrankheiten. (0707) Von I. Gabriel, 128 S., 126 Farbfotos, 12 Farbzeichnungen, kart. ●●

Kosmische Einflüsse auf unsere Gartenpflanzen
Sterne beeinflussen Wachstum und Gesundheit der Pflanzen. (0708) Von I. Gabriel, 112 S., 57 Farbfotos, 43 Farbzeichnungen, kart. ●●

Der Biogarten unter Glas und Folie
Ganzjährig erfolgreich ernten. (0722) Von I. Gabriel, 128 S., 62 Farbfotos, 45 Farbzeichnungen, kart. ●●

Obst und Beeren im Biogarten
Gesunde und schmackhafte Früchte durch natürlichen Anbau. (0780)Von I. Gabriel, 128 S., 38 Farbfotos, 71 Farbzeichnungen, kart. ●●

Kräuter und Heilpflanzen im Biogarten
Gesunde Ernte durch natürlichen Anbau. (0929) Von I. Gabriel, 112 S., 63 Farbfotos, 19 Farbzeichnungen, kart. ●●

Neuanlage eines Biogartens
Planung, Bodenvorbeitung, Gestaltung. (0721) Von I. Gabriel, 128 S., 73 Farbfotos, 39 Zeichnungen, kart. ●●

Der biologische Zier- und Wohngarten
Planen, Vorbereiten, Bepflanzen und Pflegen. (0748) Von I. Gabriel, 128 S., 72 Farbfotos, 46 Farbzeichnungen, kart. ●●

Gemüse im Biogarten
Gesunde Ernte durch naturgemäßen Anbau (0830) Von I. Gabriel, 128 S., 26 Farbfotos, 86 Farbzeichnungen, kart. ●●

Erfolgreich gärtnern
durch naturgemäßen Anbau (4252) Von I. Gabriel, 416 S., 176 Farbfotos, 212 Farbzeichnungen, Pappband. ●●●

Das Bio-Gartenjahr
Arbeitsplan für naturgemäßes Gärtnern. (4169) Von N. Jorek, 128 S., 8 Farbtafeln, 70 s/w-Abb. kart. ●●

Selbstversorgung aus dem eigenen Anbau
Reichen Erntesegen verwerten und haltbar machen. (4182) Von M. Bustorf-Hirsch, M. Hirsch, 216 S., 270 Zeichnungen, Pappband. ●●●

Mischkultur im Nutzgarten
Mit Jahreskalender und Anbauplänen. (0651) Von H. Oppel, 112 S., 8 Farbtafeln, 23 s/w- Fotos, 29 Zeichnungen, kart. ●

Erfolgreich gärtnern mit
Frühbeet und Folie
(0828) Von Dr. Gustav Schoser, 88 S., 8 Farbtafeln, 46 s/w-Fotos, kart. ●

Erfolgstips für den Gemüsegarten
Mit naturgemäßem Anbau zu höherem Ertrag. (0674) Von F. Mühl, 80 S., 30 s/w-Fotos, 4 Zeichnungen, kart. ●

Erfolgstips für den Obstgarten
Gesunde Früchte durch richtige Sortenwahl und Pflege. (0827) Von F. Mühl, 184 S., 16 Farbtafeln, 33 Zeichnungen, kart. ●●

Erfolgstips für den Zierkarten
Schmuckpflanzen und Rasen richtig pflegen. (0930) Von F. Mühl, 156 S., 12 Farbtafeln, 26 s/w–Zeichnungen, kart. ●●

Gemüse, Kräuter, Obst aus dem Balkongarten – Erfolgreich ernten auf kleinstem Raum. (0694) Von S. Stein, 32 S., 34 Farbfotos, 6 Zeichnungen, Spiralbindung, kart. ●

Keime, Sprossen, Küchenkräuter
am Fenster ziehen – rund ums Jahr. (0658) Von F. und H. Jantzen, 32 S., 55 Farbfotos, Pappband. ●

Balkons in Blütenpracht
zu allen Jahreszeiten. (5047) Von N. Uhl, 64 S., 80 Farbfotos, Pappband. ●●

Kletterpflanzen
Rankende Begrünung für Fassade, Balkon und Garten. (5140) Von M. Haberer, 64 S., 70 Farbabb., 2 Zeichnungen, Pappband. ●●

Mein Kräutergarten rund ums Jahr
Täglich schnittfrisch und gesund würzen. (4192) Von Prof. Dr. G. Lysek, 136 S., 15 Farbtafeln, 91 Zeichnungen, kart. ●●

Blühende Zimmerpflanzen
94 Arten mit Pflegeanleitungen. (5010) Von R. Blaich, 64 S., 107 Farbfotos, Pappband. ●●

Prof. Stelzers grüne Sprechstunde
Gesunde Zimmerpflanzen
Krankheiten erkennen und behandeln · Mit neuem Diagnosesystem. (4274) Von Prof. Dr. G. Stelzer, 192 S., 410 Farbfotos, 10 s/w-Zeichnungen, Pappband. ●●●●

365 Erfolgstips für schöne Zimmerpflanzen
(0893) Von H. Jantra, 144 S., 215 Farbfotos, kart. ●●

Videokassette
Pflanzenjournal
Blumen- und Pflanzenpflege im Jahreslauf. (6036) VHS, ca. 30 Min., in Farbe, ●●●●*

Blütenpracht in Grolit 2000
Der neue, mühelose Weg zu farbenprächtigen Zimmerpflanzen. (5127) Von G. Vocke, 64 S., 50 Farbfotos, Pappband. ●●

Ziergräser
Über 100 Arten erfolgreich kultivieren. (0829) Von H. Jantra, 104 S., 73 Farbfotos, 6 Farbzeichnungen, kart. ●●

Bonsai
Japanische Miniaturbäume und Miniaturlandschaften. Anzucht, Gestaltung und Pflege. (4091) Von B. Lesniewicz, 160 S., 106 Farbfotos, 46 s/w-Fotos, 115 Zeichnungen, gebunden. ●●●●●

Zimmerbäume, Palmen und andere Blattpflanzen
Standort, Pflege, Vermehrung, Schädlinge. (5111) Von G. Schoser, 96 S., 98 Farbfotos, 7 Zeichnungen, Pappband. ●●

Die hier vorgestellten Bücher, Videokassetten und Software sind in folgende Preisgruppen unterteilt:

● Preisgruppe bis DM 10,–/S 79,–
●● Preisgruppe über DM 10,– bis DM 20,– S 80,– bis S 160,–
●●● Preisgruppe über DM 20,– bis DM 30,– S 161,– bis S 240,–
●●●● Preisgruppe über DM 30,– bis DM 50,– S 241,– bis S 400,–
●●●●● Preisgruppe über DM 50,–/S 401,–
*(unverbindliche Preisempfehlung)

Die Preise entsprechen dem Status beim Druck dieses Verzeichnisses (s. Seite 1) – Änderungen, im besonderen der Preise, vorbehalten –

Biologisch zimmergärtnern
Zier- und Nutzpflanzen natürlich pflegen. (4144) Von N. Jorek, 152 S., 15 Farbtafeln, 120 s/w-Fotos, Pappband. ●●

Zimmerpflanzen in Hydrokultur
Leitfaden für problemlose Blumenpflege. (0660) Von H.-A. Rotter, 32 S., 76 Farbfotos, 8 farbige Zeichnungen, Pappband, ●

Kakteen und andere Sukkulenten
300 Arten mit über 500 Farbfotos. (4116) Von G. Andersohn, 316 S., 520 Farbfotos, 193 Zeichnungen, Pappband. ●●●●

Fibel für Kakteenfreunde
(0199) Von H. Herold, 102 S., 23 Farbfotos, 37 s/w-Abb., kart. ●

Kakteen
Herkunft, Anzucht, Pflege, Arten. (5021) Von W. Hoffmann, 64 S., 70 Farbfotos, Pappband. ●●

Faszinierende Formen und Farben
Kakteen
(4211) Von K. und F. Schild, 96 S., 127 Farbfotos, Pappband. ●●●

Falken-Handbuch **Orchideen**
Lebensraum, Kultur, Anzucht und Pflege. (4231) Von G. Schoser, 144 S., 121 Farbfotos, 28 Farbzeichnungen, Pappband. ●●●

Vogelhäuschen, Nistkästen, Vogeltränken
mit Plänen und Anleitungen zum Selbstbau. (0695) Von J. Zech 32 S., 42 Farbfotos, 6 Zeichnungen, Pappband. ●

Falken-Handbuch
Umweltschutz
Das Öko-Testbuch zur Eigeninitiative. (4160) Von M. Häfner, 352 S., 411 Farbf., 152 Farbzeichnungen, Pappband. ●●●●

Pilze
erkennen und benennen. (0380) Von J. Raithelhuber, 136 S., 110 Farbfotos, kart. ●●

Falken-Handbuch **Pilze**
Mit über 250 Farbfotos und Rezepten. (4061) Von M. Knoop, 276 S., 250 Farbfotos, Pappband. ●●●●

Speisepilze aus eingener Zucht
Anbau · Pflege · Zubereitung
(0909) Von U. Groos, 72 S., 8 Farbtafeln, 16 s/w-Zeichnungen, kart. ●

Grizimek Juniors **BUNTE TIERWELT**
(4295) Von Chr. Grizimek, 208 S., 308 Farbfotos, Pappband. ●●●

Falken-Handbuch **Katzen**
(4158) Von B. Gerber, 176 S., 294 Farb- und 88 s/w-Fotos, Pappband. ●●●●

Katzen
Rassen · Haltung · Pflege. (4216) Von B. Eilert-Overbeck, 96 S., 82 Farbfotos, Pappband. ●●●

Das neue Katzenbuch
Rassen – Aufzucht – Pflege. (0427) Von B. Eilert-Overbeck, 136 S., 14 Farbfotos, 26 s/w-Fotos, kart. ●

Katzenkrankheiten
Erkennung und Behandlung. Steuerung des Sexualverhaltens. (0652) Von Dr. med. vet. R. Spangenberg, 176 S., 64 s/w-Fotos, 4 Zeichnungen, kart. ●

Falken-Handbuch **Hunde**
(4118) Von H. Bielfeld, 176 S., 222 Farb- und 73 s/w-Abb., Pappband. ●●●●

Hunde
Rassen · Erziehung · Haltung. (4209) Von H. Bielfeld, 96 S., 101 Farbfotos, Pappband. ●●●

Das neue Hundebuch
Rassen · Aufzucht · Pflege. (0009) Von W. Busack, überarbeitet von Dr. med. vet. A. H. Hacker und H. Bielfeld, 112 S., 8 Farbtafeln, 27 s/w-Fotos, 6 Zeichnungen, kart. ●

Falken-Handbuch
Der Deutsche Schäferhund
(4077) Von U. Förster, 228 S., 160 Abb., Pappband. ●●●

Der Deutsche Schäferhund
Aufzucht, Pflege und Ausbildung. (0073) Von A. Hacker, 104 S., 56 Abb., kart. ●

Dackel, Teckel, Dachshund
Aufzucht · Pflege · Ausbildung. (0508) Von M. Wein-Gysae, 112 S., 4 Farbtafeln, 43 s/w-Fotos, 2 Zeichnungen, kart. ●

Hundeausbildung
Verhalten – Gehorsam – Abrichtung. (0346) Von Prof. Dr. R. Menzel, 96 S., 18 Fotos, kart. ●

Grundausbildung für Gebrauchshunde
Schäferhund, Boxer, Rottweiler, Dobermann, Riesenschnauzer, Airedaleterrier, Hovawart und Bouvier. (0801) Von M. Schmidt und W. Koch, 104 S., 8 Farbtafeln, 51 s/w-Fotos, 5 s/w-Zeichnungen, kart. ●

Hundekrankheiten
Erkennung und Behandlung, Steuerung des Sexualverhaltens. (0570) Von Dr. med. vet. R. Spangenberg, 128 S., 68 s/w-Fotos, 10 Zeichnungen, kart. ●

Falken-Handbuch **Pferde**
(4186) Von H. Werner, 176 S., 196 Farb-und 50 s/w-Fotos, 100 Zeichnungen, Pappband. ●●●●

Wellensittiche
Arten · Haltung · Pflege · Sprechunterricht · Zucht. (5136) Von H. Bielfeld, 64 S., 59 Farbfotos, Pappband. ●●

Papageien und Sittiche
Arten · Pflege · Sprechunterricht.
(0591) Von H. Bielfeld, 112 S., 8 Farbtafeln, kart. ●

Geflügelhaltung als Hobby
(0749) Von M. Baumeister, H. Meyer, 184 S., 8 Farbtafeln, 47 s/w-Fotos, 15 Zeichnungen, kart. ●●

Das Süßwasser-Aquarium
Einrichtung · Pflege · Fische · Pflanzen.
(0153) Von H. J. Mayland, 152 S., 16 Farbtafeln, 43 s/w-Zeichnungen, kart. ●●

Falken-Handbuch
Süßwasser-Aquarium
(4191) Von H. J. Mayland, 288 S., 564 Farbfotos, 75 Zeichnungen, Pappband. ●●●●

DIE TIERSPRECHSTUNDE
Tiere im Wassergarten
(0808) Von Dr. med. vet. E. M. Bartenschlager, 96 S., 84 Farbfotos, 7 Zeichnungen, kart. ●

DIE TIERSPRECHSTUNDE
Sittiche und kleine Papageien
(0864) Von Dr. med. vet. E. M. Bartenschlager, 88 S., 84 Farbfotos, 9 Zeichnungen, kart. ●

DIE TIERSPRECHSTUNDE
Junge Katzen
(0862) Von Dr. med. vet. E. M. Bartenschlager, 72 S., 40 Farbfotos, 4 Farbzeichnungen, kart. ●

DIE TIERSPRECHSTUNDE
Alles über Igel in Natur und Garten
(0810) Von Dr. med. vet. E. M. Bartenschlager, 68 S., 51 Farbfotos, kart. ●

DIE TIERSPRECHSTUNDE
Alles über Meerschweinchen
(0809) Von Dr. med. vet. E. M. Bartenschlager, 72 S., 43 Farbfotos, 11 Farbzeichnungen, kart. ●

DIE TIERSPRECHSTUNDE
Alles über junge Hunde
(0863) Von Dr. med. vet. E. M. Bartenschlager, 64 S., 49 Farbfotos, 6 Zeichnungen, kart. ●

DIE TIERSPRECHSTUNDE
Richtige Hundeernährung
(0811) Von Dr. med. vet. E. M. Bartenschlager, 80 S., 51 Farbfotos, 4 Farbzeichnungen, kart. ●

Dinosaurier
und andere Tiere der Urzeit. (4219) Von G. Alschner, 96 S., 81 Farbzeichnungen, 4 Fotos, Pappband. ●●●

Mensch und Gesundheit

Die Frau als Hausärztin
Der unentbehrliche Ratgeber für die Gesundheit. (4072) Von Dr. med. A. Fischer-Dückelmann, 808 S., 14 Farbtafeln, 146 s/w-Fotos, 203 Zeichnungen, Pappband. ●●●

Dr. Reitners großes Gesundheitslexikon
Mit über 5000 Stichwörtern.
(4282) Von Dr. med. H.-J. Lewitzka-Reitner, in Zusammenarbeit mit P. Janknecht und U. Kannapinn, 504 S., 424 s/w-Abbildungen, Pappband. ●●

Sexualberatung
(0402) Von Dr. M. Röhl, 168 S., 8 Farbtafeln, 17 Zeichnungen, Pappband. ●●

Die Kunst des Stillens
nach neuesten Erkenntnissen
(0701) Von Prof. Dr. med. E. Schmidt, S. Brunn, 112 S., 20 Fotos und Zeichnungen, kart. ●

Wenn Sie ein Kind bekommen
(4003) Von U. Klamroth, Dr. med. H. Oster, 240 S., 86 s/w-Fotos, 30 Zeichnungen, kart. ●●●

Der moderne Ratgeber
Wir werden Eltern
Schwangerschaft · Geburt · Erziehung des Kleinkindes. (4269) Von B. Nees-Delaval, 376 S., 335 zweifarbige Abbildungen, Pappband. ●●●●

Vorbereitung auf die Geburt
Schwangerschaftsgymnastik, Atmung, Rückbildungsgymnastik. (0251) Von S. Buchholz, 112 S., 98 s/w-Fotos, kart. ●

Wie soll es heißen?
(0211) Von D. Köhr, 136 S., kart. ●

Das Babybuch
Pflege · Ernährung · Entwicklung. (0531) Von A. Burkert, 128 S., 16 Farbtafeln, 38 s/w-Fotos, 30 Zeichnungen, kart. ●●

Wenn der Mensch zum Vater wird
Ein heiter-besinnlicher Ratgeber. (4259) Von D. Zimmer, 160 S., 20 Zeichnungen, Pappband. ●●

Wenn Kinder krank werden
Medizinischer Ratgeber für Eltern.
(4240) Von Dr. med. I. J. Chasnoff, B. Nees-Delaval, 232 S., 163 Zeichnungen, Pappband. ●●●

Die hier vorgestellten Bücher, Videokassetten und Software sind in folgende Preisgruppen unterteilt:

● Preisgruppe bis DM 10,–/S 79,–
●● Preisgruppe über DM 10,– bis DM 20,– S 80,– bis S 160,–
●●● Preisgruppe über DM 20,– bis DM 30,– S 161,– bis S 240,–
●●●● Preisgruppe über DM 30,– bis DM 50,– S 241,– bis S 400,–
●●●●● Preisgruppe über DM 50,–/S 401,–
*(unverbindliche Preisempfehlung)

Die Preise entsprechen dem Status beim Druck dieses Verzeichnisses (s. Seite 1) – Änderungen, im besonderen der Preise, vorbehalten –

FALKEN

Psycho-Tests
– Erkennen Sich sich selbst. (0710) Von B. M. Nash, R. B. Monchick, 304 S., 81 Zeichnungen, kart. ●●

FALKEN-SOFTWARE
Ego-Tests
Sich und andere besser erkennen und verstehen. (7012) Diskette für IBM PC kompatible (MS DOS) mit Begleitheft. ●●●●●*

Frauenträume – Männerträume
und ihre Bedeutung. (4198) Von G. Senger, 272 S., mit Traumlexikon, Pappband. ●●●

Wie Sie im Schlaf das Leben meistern
Schöpferisch träumen
Der Klartraum als Lebenshilfe. (4258) Von Prof. D. P. Tholey, K. Utecht. 256 S., 1 s/w-Foto, 20 Zeichnungen, Pappband. ●●●

So deutet man Träume
Die Bildersprache des Unbewußten. (0444) Von G. Haddenbach, 160 S., Pappband. ●

Bildatlas des menschlichen Körpers
(4177) Von G. Pogliani, V. Vannini, 112 S., 402 Farbabb. 28 s/w-Fotos, Pappband. ●●●

Ratgeber Aids
Entstehung, Ansteckung, Krankheitsbilder, Heilungschancen, Schutzmaßnahmen. (0803) Von B. Baartman, Vorwort von Dr. med. H. Jäger, 112 S., 8 Farbtafeln, 4 Grafiken, kart. ●●

Enzyme
Vitalstoffe für die Gesundheit. (0677) Von G. Leibold, 96 S., kart. ●

Heilfasten
(0713) Von G. Leibold, 108 S., kart. ●

Besser leben durch Fasten
(0841) Von G. Leibold, 100 S., kart. ●

Fastenkuren
Wege zur gesunden Lebensführung. Rezepte und Tips für die Nachfastenzeit. Kurzfasten · Saftfastenkuren · Fastenschalttage · Heilfasten. (4248) Von Ha. A. Mehler, H. Keppler, 144 S., 16 s/w-Fotos, 9 Zeichnungen, Pappband. ●●●

Aus dem Schatz der Naturmedizin
Heilkräuterkuren
(4268) Von Dr. med. E. Rauch, Dr. rer. nat. P. Kruletz, 144 S., 49 Zeichnungen, kart. ●●

Rheuma behandeln und lindern
Mit einem Vorwort von Dr. med. Max-Otto-Bruker. (0836) Von G. Leibold, 100 S., kart. ●

Die echte Schroth-Kur
(0797) Von Dr. med. R. Schroth, 88 S., 2 s/w-Fotos, kart. ●

Streß bewältigen durch Entspannung
(0834) Von Dr. med. Chr. Schenk, 88 S., 29 Zeichnungen, kart. ●

Gesundheit und Spannkraft durch Yoga
(0321) Von L. Frank und U. Ebbers, 112 S., 50 s/w-Fotos, kart. ●

Yoga für jeden
(0341) Von K. Zebroff, 156 S., 135 Abb., Spiralbindung, ●●●

Yoga für Schwangere
Der Weg zur sanften Geburt. (0777) Von V. Bolesta-Hahn, 108 S., 76 zweifarbige Abb. kart. ●●

Yoga gegen Haltungsschäden und Rückenschmerzen
(0394) Von A. Raab, 104 S., 215 Abb., kart. ●

Bauch, Taille und Hüfte gezielt formen durch
Aktiv-Yoga
(0709) Von K. Zebroff, 112 S., 102 Farbfotos, kart. ●●

Hypnose und Autosuggestion
Methoden – Heilwirkungen – praktische Beispiele. (0483) Von G. Leibold, 120 S., 9 Illustrationen, kart. ●

Kneippkuren zu Hause
(0779) Von G. Leibold, 112 S., 25 Zeichnungen, kart. ●

Krebsangst und Krebs behandeln
Mit einem Vorwort von Prof. Dr. med. Friedrich Douwes. (0839) Von G. Leibold, 104 S., kart. ●

Allergien behandeln und lindern
Mit einem Vorwort von Prof. Dr. med. Axel Stemmann. (0840) Von G. Leibold, 104 S., 4 Zeichnungen, kart. ●

Besser sehen durch Augentraining
Ein Gesundheitsprogramm zur Verbesserung des Sehvermögens. (0914) Von K. Schutt, B. Rumpler, 96 S., 32 s/w-Zeichnungen, kart. ●

Darmleiden
Krankheitsbilder, Behandlung, Selbstbehandlung, Richtige Lebensführung und Ernährung. (0798) Von Dr. med. K. Steffens, 112 S., 46 Zeichnungen, kart. ●

Massage
(0750) Von B. Rumpler, K. Schutt, 112 S., 116 zweifarbige Zeichnungen, kart. ●●

Fußmassage
Reflexzonentherapie am Fuß (0714) Von G. Leibold, 96 S., 38 Zeichnungen, kart. ●

Rheuma und Gicht
Krankheitsbilder, Behandlung, Therapieverfahren, Selbstbehandlung, Richtige Lebensführung und Ernährung. (0712) Von Dr. J. Höder, J. Bandick, 104 S., kart. ●

Diabetes
Krankheitsbild, Therapie, Kontrollen, Schwangerschaft, Sport, Urlaub, Alltagsprobleme, Neueste Erkenntnisse der Diabetesforschung. (0895) Von Dr. med. H. J. Krönke, 120 S., 4 Farbtafeln, 14 s/w-Fotos, 13 s/w-Zeichnungen, kart. ●

Krampfadern
Ursachen, Vorbeugung, Selbstbehandlung, Therapieverfahren. (0727) Von Dr. med. K. Steffens, 96 S., 38 Abb., kart. ●

Gallenleiden
Krankheitsbilder, Behandlung, Therapieverfahren, Selbstbehandlung, Richtige Lebensführung und Ernährung. (0673) Von Dr. med. K. Steffens, 104 S., 34 Zeichnungen, kart. ●

Asthma
Pseudokrupp, Bronchitis und Lungenemphysem. (0778) Von Prof. Dr. med. W. Schmidt, 120 S., 56 Zeichnungen, kart. ●

Autogenes Training
Anwendung · Heilwirkungen · Methoden. (0541) Von R. Faller, 128 S., 3 Zeichnungen, kart. ●

Die fernöstliche Fingerdrucktherapie Shiatsu
Anleitungen zur Selbsthilfe – Heilwirkungen. (0615) Von G. Leibold, 196 S., 180 Abb., kart. ●●

Eigenbehandlung durch Akupressur
Heilwirkungen – Energielehre – Meridiane. (0417) Von G. Leibold, 152 S., 78 Abb., kart. ●

Chinesische Naturheilverfahren
Selbstbehandlung mit bewährten Methoden der physikalischen Therapie. Atemtherapie · Heilgymnastik · Selbstmassage · Vorbeugen · Behandeln · Entspannen. (4247) Von F. T. Lie, 160 S., 292 zweifarbige Zeichnungen, Pappband. ●●●

Massagetechniken und Heilanzeigen
Reflexzonentherapie
(4404) Von G. Leibold, 128 S., 53 Farbzeichnungen, Pappband. ●●●

Chinesisches Schattenboxen
Tai-Ji-Quan
für geistige und körperliche Harmonie. (0850) Von F. T. Lie, 120 S., 221 s/w-Fotos, 9 s/w-Zeichnungen, Beilage: 1 s/w-Poster mit zahlreichen Abbildungen, kart. ●●

Gesundheit durch altbewährte Kräuterrezepte und Hausmittel aus der
Natur-Apotheke
(4156) Von G. Leibold, 236 S., 8 Farbtafeln, 100 Zeichnungen, kart., ●●

Heiltees und Kräuter für die Gesundheit
(4123) Von G. Leibold, 136 S., 15 Farbtafeln, 16 Zeichnungen, kart. ●●

Falken-Handbuch **Heilkräuter**
Modernes Lexikon der Pflanzen und Anwendungen (4076) Von G. Leibold, 392 S., 183 Farbfotos, 22 Zeichnungen, geb. ●●●●

Kochen für Diabetiker
Gesund und schmackhaft für die ganze Familie. (4132) Von M. Toeller, W. Schumacher, A. C. Groote, 224 S., 109 Farbfotos, 94 Zeichnungen, Pappband. ●●●

Neue Rezepte für Diabetiker-Diät
Vollwertig – abwechslungsreich - kalorienarm. (0418) Von M. Oehlrich, 120 S., 8 Farbtafeln, kart. ●

Diät bei Krankheiten des Magens und Zwölffingerdarms
Rezeptteil von B. Zöllner. (3201) Von Prof. Dr. med. H. Kaess, 96 S., 35 Farbfotos, 1 s/w-Zeichnung, kart. ●●

Diät bei Herzkrankheiten und Bluthochdruck
Salzarme (natriumarme) Kost, Rezeptteil von B. Zöllner. (3202) Von Prof. Dr. med. H. Rottka, 92 S., 4 Farbtafeln, kart. ●●

Diät bei Erkrankungen der Nieren, Harnwege und bei Dialysebehandlung
Rezeptteil von B. Zöllner. (3203) Von Prof. Dr. med. Dr. h. c. H. J. Sarre und Prof. Dr. med. R. Kluthe, 96 S., 33 Farbfotos, 1 s/w-Zeichnung, kart. ●●

Richtige Ernährung wenn man älter wird
Rezeptteil von B. Zöllner. (3204) Von Prof. Dr. med. H.-J. Pusch. 96 S., 36 Farbfotos und 3 s/w-Zeichnungen, kart. ●●

Diät bei Gicht und Harnsäuresteinen
Rezeptteil von B. Zöllner. (3205) Von Prof. Dr. med. N. Zöllner, 80 S., 4 Farbtafeln, kart. ●●

Diät bei Zuckerkrankheit
Rezeptteil von B. Zöllner. (3206) Von Prof. Dr. med. P. Dieterle, 112 S., 42 Farbfotos, 4 vierfarbige Vignetten, 1 s/w-Zeichnung, kart. ●●

Diät bei Krankheiten der Gallenblase, Leber und Bauchspeicheldrüse
Rezeptteil von B. Zöllner. (3207) Von Prof. Dr. med. H. Kasper, 88 S., 4 Farbtafeln, kart. ●●

Diät bei Störungen des Fettstoffwechsels und zur Vorbeugung der Arteriosklerose
Rezeptteil von B. Zöllner. (3208) Von Prof. Dr. med. G. Wolfram und Dr. med. O. Adam, 104 S., 4 Farbtafeln, kart. ●●

Diät bei Übergewicht
Rezeptteil von B. Zöllner. (3209) Von Prof. Dr. med. Ch. Keller, 104 S., 42 Farbfotos, 3 s/w-Zeichnungen, kart. ●●

Die hier vorgestellten Bücher, Videokassetten und Software sind in folgende Preisgruppen unterteilt:

● Preisgruppe bis DM 10,–/S 79,–
●● Preisgruppe über DM 10,– bis DM 20,– S 80,– bis S 160,–
●●● Preisgruppe über DM 20,– bis DM 30,– S 161,– bis S 240,–
●●●● Preisgruppe über DM 30,– bis DM 50,– S 241,– bis S 400,–
●●●●● Preisgruppe über DM 50,–/S 401,–
*(unverbindliche Preisempfehlung)

Die Preise entsprechen dem Status beim Druck dieses Verzeichnisses (s. Seite 1) – Änderungen, im besonderen der Preise, vorbehalten –

FALKEN

Diät bei Darmkrankheiten
Durchfall – Divertikulose, Reizdarm und Darmträgheit – einheimische Sprue (Zöliakie) – Disaccharidasemangel – Dünndarmresektion – Dumping Syndrom. Rezeptteil von B. Zöllner. (3211) Von Prof. Dr. med. G. Strohmeyer, 88 S., 4 Farbtafeln, kart. ●●

Ballaststoffreiche Kost bei Funktionsstörungen des Darms
Rezeptteil von B. Zöllner. (3212) Von Prof. Dr. med. H. Kasper, 96 S., 34 Farbfotos, 1 s/w-Foto, kart. ●●

Rat und Wissen

Der gute Ton
Ein moderner Knigge. (0063) Von I. Wolter, 168 S., 38 Zeichnungen, 53 s/w-Fotos, kart. ●

Haushaltstips von A bis Z
(0759) Von A. Eder, 80 S., 30 Zeichnungen, kart. ●

Familienforschung · Ahnentafel · Wappenkunde
Wege zur eigenen Familienchronik. (0744) Von P. Bahn, 128 S., 8 Farbtafeln, 30 Abbildungen, kart. ●●

Die Kunst der freien Rede
Ein Intensivkurs mit vielen Übungen, Beispielen und Lösungen. (4189) Von G. Hirsch, 232 S., 11 Zeichnungen, Pappband. ●●●

Reden zur Taufe, Kommunion und Konfirmation
(0751) Von G. Georg, 96 S., kart. ●

Der richtige Brief zu jedem Anlaß
Das moderne Handbuch mit 400 Musterbriefen. (4179) Von H. Kirst, 376 S., Pappband. ●●●

Wir heiraten
Ratgeber zur Vorbereitung und Festgestaltung der Verlobung und Hochzeit. (4188) Von C. Poensgen, 216 S., 8 s/w-Fotos, 30 s/w-Zeichnungen, 8 Farbtafeln, Pappband. ●●●

Wir feiern Hochzeit
Festgestaltung – phantasievoll und modern. (0943) Von H. J. Winkler, 120 S., kart. ●

Von der Verlobung zur Goldenen Hochzeit
(0393) Von E. Ruge, 120 S., kart. ●

Reden zur Hochzeit
Musteransprachen für Hochzeitstage. (0654) Von G. Georg, 112 S., kart. ●

Glückwünsche, Toasts und Festreden zur Hochzeit.
(0264) Von I. Wolter, 128 S., 18 Zeichnungen, kart. ●

Hochzeits- und Bierzeitungen
Muster, Tips und Anregungen. (0288) Von H.-J. Winkler, mit vielen Text- und Gestaltungsanregungen, 116 S., 15 Abb., 1 Musterzeitung, kart. ●

Kindergedichte zur Grünen, Silbernen und Goldenen Hochzeit
(0318) Von H.-J. Winkler, 104 S., 20 Abb., kart. ●

Kindergedichte für Familienfeste
(0860) Von B. H. Bull, 96 S., 20 Zeichnungen, kart. ●

Die Silberhochzeit
Vorbereitung · Einladung · Geschenkvorschläge · Dekoration · Festablauf · Menüs · Reden · Glückwünsche. (0542) Von K. F. Merkle, 120 S., 41 Zeichnungen, kart. ●

Großes Buch der Glückwünsche
(0255) Hrsg. von O. Fuhrmann, 176 S., 77 Zeichnungen und viele Gestaltungsvorschläge, kart. ●

Herzliche Glückwünsche!
Die schönsten Gedichte und Texte für viele Gelegenheiten. (0942) Hrsg. von B. H. Bull, 256 S., 50 Zeichnungen, Pappband. ●●

Neue Glückwunschfibel
für Groß und Klein. (0156) Von R. Christian-Hildebrandt, 96 S., kart. ●

Glückwunschverse für Kinder
(0277) Von B. Ulrici, 80 S., kart. ●

Die Redekunst
Rhetorik · Rednererfolg (0076) Von K. Wolter, überarbeitet von Dr. W. Tappe, 80 S., kart. ●

Reden und Ansprachen
für jeden Anlaß. (4009) Hrsg. von F. Sicker, 454 S., gebunden. ●●●●

Reden zum Jubiläum
Musteransprachen für viele Gelegenheiten (0595) Von G. Georg, 112 S., kart. ●

Reden zum Ruhestand
Musteransprachen zum Abschluß des Berufslebens (0790) Von G. Georg, 104 S., kart. ●

Reden und Sprüche zu Grundsteinlegung, Richtfest und Einzug
(0598) Von A. Bruder, G. Georg, 96 S., kart. ●

Reden zu Familienfesten
Musteransprachen für viele Gelegenheiten. (0675) Von G. Georg, 112 S., kart. ●

Reden zum Geburtstag
Musteransprachen für familiäre und offizielle Anlässe. (0773) Von G. Georg, 104 S., kart. ●

Festreden und Vereinsreden
Ansprachen für festliche Gelegenheiten. (0069) Von K. Lehnhoff, E. Ruge, 88 S., kart. ●

Reden im Verein
Musteransprachen für viele Gelegenheiten. (0703) Von G. Georg, 112 S., kart., ●

Programm und Publikum
Der ständige Versuch einer Annäherung. Beiträge und Reden über das öffentlich-rechtliche Fernsehen. (0874) Von A. Schardt, 167 S., kart. ●●

Trinksprüche
Fest- und Damenreden in Reimen. (0791) Von L. Metzner, 88 S., 14 s/w-Zeichnungen, kart. ●

Trinksprüche, Richtsprüche, Gästebuchverse
(0224) Von D. Kellermann, 80 S., kart. ●

Ins Gästebuch geschrieben
(0576) Von K. H. Trabeck, 96 S., 24 Zeichnungen, kart. ●

Poesiealbumverse
Heiteres und Besinnliches. (0578) Von A. Göttling, 112 S., 20 Zeichnungen, Pappband. ●●

Verse fürs Poesiealbum
(0241) Von I. Wolter, 96 S., 20 Abb., kart. ●

Rosen, Tulpen, Nelken ...
Beliebte Verse fürs Poesiealbum
(0431) Von W. Pröve, 96 S., 11 Faksimile-Abb., kart. ●

Der Verseschmied
Kleiner Leitfaden für Hobbydichter. Mit Reimlexikon. (0597) Von T. Parisius, 96 S., 28 Zeichnungen, kart. ●

Moderne Korrespondenz
Handbuch für erfolgreiche Briefe. (4014) Von H. Kirst und W. Manekeller, 544 S., Pappband. ●●●●

Der neue Briefsteller
Musterbriefe für alle Gelegenheiten. (0060) Von I. Wolter-Rosendorf, 112 S., kart. ●

Geschäftliche Briefe
des Privatmanns, Handwerkers, Kaufmanns. (0041) Von A. Römer, 120 S., kart. ●

Behördenkorrespondenz
Musterbriefe – Anträge – Einsprüche. (0412) Von E. Ruge, 120 S., kart. ●

Musterbriefe
für alle Gelegenheiten. (0231) Hrsg. von O. Fuhrmann, 240 S., kart. ●

Privatbriefe
Muster für alle Gelegenheiten. (0114) Von I. Wolter-Rosendorf, 132 S., kart. ●

Briefe zu Geburt und Taufe
Glückwünsche und Danksagungen. (0802) Von H. Beitz, 96 S., 12 Zeichnungen, kart. ●

Briefe zum Geburtstag
Glückwünsche und Danksagungen (0822) Von H. Beitz, 104 S., 22 Zeichnungen, kart. ●

Briefe zur Hochzeit
Glückwünsche und Danksagungen (0852) Von R. Röngen, 96 S., 1 Zeichnung, 39 Vignetten, kart. ●

Briefe der Liebe
Anregungen für gefühlvolle und zärtliche Worte. (0903) Hrsg. von H. Beitz, 96 S., 4 Zeichnungen, kart. ●

Erfolgstips für den Schriftverkehr
Briefwechsel leicht gemacht durch einfachen Stil und klaren Ausdruck (0678) Von U. Schoenwald, 120 S., kart. ●

Worte und Briefe der Anteilnahme
(0464) Von E. Ruge, 128 S., mit vielen Abb., kart. ●

Reden in Trauerfällen
Musteransprachen für Beerdigungen und Trauerfeiern (0736) Von G. Georg, 104 S., kart. ●

In Anerkennung Ihrer...
Lob und Würdigung in Briefen und Reden
(0535) Von H. Friedrich, 136 S., kart. ●

Das große farbige Kinderlexikon
(4195) Von U. Kopp, 320 S., 493 Farbabb., 17 s/w-Fotos, Pappband. ●●●

ZDF · ORF · DRS
Kompaß Jugend-Lexikon
(4096) Von R. Kerler, J. Blum, 336 S., 766 Farbfotos, 39 s/w-Abb., Pappband. ●●●●

Elternsache Grundschule
(0692) Hrsg. von K. Meynersen, 324 S., kart. ●●●

Vom Urkrümel zum Atompilz
Evolution – Ursache und Ausweg aus der Krise. (4181) Von J. Voigt, 188 S., 20 Farb- und 70 s/w-Fotos, 32 Zeichnungen, kart. ●●

Neues Denken – alte Geister
New Age unter der Lupe. (4278) Von G. Myrell, Dr. W. Schmandt, J. Voigt, 176 S., 54 Farbfotos, 3 Zeichnungen, kart. ●●

Die hier vorgestellten Bücher, Videokassetten und Software sind in folgende Preisgruppen unterteilt:

● Preisgruppe bis DM 10,–/S 79,–
●● Preisgruppe über DM 10,– bis DM 20,– S 80,– bis S 160,–
●●● Preisgruppe über DM 20,– bis DM 30,– S 161,– bis S 240,–
●●●● Preisgruppe über DM 30,– bis DM 50,– S 241,– bis S 400,–
●●●●● Preisgruppe über DM 50,–/S 401,–
*(unverbindliche Preisempfehlung)

Die Preise entsprechen dem Status beim Druck dieses Verzeichnisses (s. Seite 1) – Änderungen, im besonderen der Preise, vorbehalten –

FALKEN

Schülerlexikon der Mathematik
Formeln, Übungen und Begriffserklärungen für die Klassen 5–10. (0430) Von R. Müller, 176 S., 96 Zeichnungen, kart. ●

Mathematik verständlich
Zahlenbereiche Mengenlehre, Algebra, Geometrie, Wahrscheinlichkeitsrechnung, Kaufmännisches Rechnen. (4135) Von R. Müller, 652 S., 10 s/w- und 109 Farbfotos, 802 farbige und 79 s/w-Zeichnungen, über 2500 Beispiele und Übungen mit Lösungen, Pappband. ●●●●●

Mathematische Formeln für Schule und Beruf
Mit Beispielen und Erklärungen. (0499) Von R. Müller, 156 S., 210 Zeichnungen, kart. ●

Rechnen aufgefrischt
für Schule und Beruf. (0100) Von H. Rausch, 144 S., kart. ●

Physik verständlich
Förderkurs für die Klassen 7 bis 10 (0926) Von Dr. Th. Neubert, 136 S., 146 s/w-Zeichnungen, 166 Aufgaben, kart. ●●

Mehr Erfolg in Schule und Beruf
Besseres Deutsch
Mit Übungen und Beispielen für Rechtschreibung, Diktate, Zeichensetzung, Aufsätze, Grammatik, Literaturbetrachtung, Stil, Briefe, Fremdwörter, Reden. (4115) Von K. Schreiner, 444 S., 7 s/w-Fotos, 27 Zeichnungen, Pappband. ●●●

Richtiges Deutsch
Rechtschreibung · Zeichensetzung · Grammatik · Stilkunde. (0551) Von K. Schreiner, 128 S., 7 Zeichnungen, kart. ●

Diktate besser schreiben
Übungen zur Rechtschreibung für die Klassen 4–8. (0469) Von K. Schreiner, 152 S., 31 Zeichnungen, kart. ●

Aufsätze besser schreiben
Förderkurs für die Klassen 4–10. (0429) Von K. Schreiner, 144 S., 4 s/w-Fotos, 27 Zeichnungen, kart. ●

Deutsche Grammatik
Ein Lern- und Übungsbuch. (0704) Von K. Schreiner, 112 S., kart. ●

Mehr Erfolg in der Schule
Deutsche Rechtschreibung und Grammatik
Übungen und Beispiele für die Klassen 5–10. (4407) Von K. Schreiner, 256 S., durchgehend zweifarbig, Pappband. ●●●

Mehr Erfolg in der Schule
Der Deutschaufsatz
Übungen und Beispiele für die Klassen 5–10. (4271) Von K. Schreiner, 240 S., 4 s/w-Fotos, 51 Zeichnungen, Pappband. ●●●

Richtige Zeichensetzung
durch neue, vereinfachte Regeln. Erläuterungen der Zweifelsfragen anhand vieler Beispiele. (0774) Von Prof. Dr. Ch. Stetter, 160 S., kart. ●

Richtige Groß- und Kleinschreibung
durch neue, vereinfachte Regeln. Erläuterungen der Zweifelsfragen anhand vieler Beispiele. (0897) Von Prof. Dr. Ch. Stetter, 96 S., kart. ●

Besseres Englisch
Grammatik und Übungen für die Klassen 5 bis 10. (0745) Von E. Henrichs, 144 S., ●●

The Grammar Master
Englische Grammatik üben und beherrschen. (7002) Diskette für den C 64/C 128 (im 64er Modus) ●●●●*

Vokabeltrainer Englisch
Von B. Hoppius. (7001) Wendediskette für C 64/C 128 PC, mit Begleitheft. ●●●●*
(7007) Wendediskette für Atari ST 520/1040, mit Begleitheft. ●●●●●*

Take a Trip to Britain
(7004) Von reLine, Diskette für C 64/C 128 PC, mit Begleitheft. ●●●●*

Schnell und sicher zum Führerschein
Tips und Tricks aus 30jähriger-Fahrschul-Praxis. (0921) Von O. Einert, 152 S., 156 Farbfotos, 161 z. T. farb. Zeichnungen, kart. ●●

Maschinenschreiben für Kinder
(0274) Von H. Kaus, 48 S., farbige Abb., kart. ●

So lernt man leicht und schnell
Maschinenschreiben
Lehrbuch für Schulen, Lehrgänge und Selbstunterricht. (0568) Von M. Kempkes, 112 S., 31 s/w- Fotos, 36 Zeichnungen, kart. ●●

Maschinenschreiben durch Selbstunterricht
(0170) Von A. Fonfara, 84 S., kart. ●

Maschinenschreiben
In 10 Tagen spielend gelernt. Von Unterrichtsmedien Hoppius. (7008) Diskette für den C 64 und C 128 PC ●●●●*
(7009) für IBM PC + kompatible, ●●●●●*
(7010) für Schneider CPC 464, 664, 6128, ●●●●●*

Stenografie leicht gelernt
im Kursus oder Selbstunterricht. (0266) Von H. Kaus, 64 S., kart. ●

Buchführung
leicht gefaßt. Ein Leitfaden für Handwerker und Gewerbetreibende. (0127) Von R. Pohl. 104 S., kart. ●

Buchführung leicht gemacht
Ein methodischer Grundkurs für den Selbstunterricht. (4238) Von D. Machenheimer, R. Kersten, 252 S., Pappband. ●●●

Erfolgreiche Kaufmannspraxis
Wirtschaftliche Grundlagen, Geld, Kreditwesen, Steuern, Betriebsführung, Recht, EDV. (4046) Von W. Göhler, H. Gölz, M. Heibel, Dr. D. Machenheimer, 544 S., gebunden. ●●●●

Familienrecht
Ehe – Scheidung – Unterhalt. (4190) Von T. Drewes, R. Hollender, 368 S., Pappband. ●●●

Scheidung und Unterhalt
nach dem neuen Eherecht. Mit dem Unterhaltsänderungsgesetz 1986. (0403) Von T. Drewes, 112 S., mit Kosten und Unterhaltstabellen, kart. ●

Erziehungsgeld, Mutterschutz, Erziehungsurlaub
Alles über das neue Recht für Eltern. Mit den Gesetzestexten. (0835) Von J. Grönert, 144 S., kart. ●●

Endlich 18 und nun?
Rechte und Pflichten mit der Volljährigkeit. (0646) Von R. Rathgeber, 224 S., 27 Zeichnungen, kart. ●●

Was heißt hier minderjährig?
(0765) Von R. Rathgeber, C. Rummel, 148 S., 50 Fotos, 25 Zeichnungen, kart. ●●

Erbrecht und Testament
Mit Erläuterungen des Erbschaftssteuergesetzes von 1974. (0046) Von Dr. jur. H. Wandrey, 124 S., kart. ●

Testament und Erbschaft
Erbfolge, Rechte und Pflichten der Erben, Erbschafts- und Schenkungssteuer, Mustertestamente. (4139) Von T. Drewes, R. Hollender, 304 S., Pappband. ●●●

Mein letzter Wille
Ratgeber für Erblasser, Erben und Hinterbliebene. (0939) Von T. Drewes, 136 S., 9 s/w-Zeichnungen, kart. ●●

Präzise Ratschläge für
Ihre optimale Rente
Vorbereitung · Berechnungsgrundlagen · Gesetzesänderungen · Individuelle Rechenbeispiele. (0806) Von K. Möcks, 96 S., 24 Formulare, 1 Graphik, kart. ●

Mietrecht
Leitfaden für Mieter und Vermieter. (0479) Von J. Beuthner, 196 S., kart. ●●

Wege zum Börsenerfolg
Aktien · Anleihen · Optionen (4275) Von H. Krause, 252 S., 4 s/w-Fotos, 86 Zeichnungen, Pappband. ●●●

So werde ich erfolgreich
Ratschläge und Tips für Beruf und Privatleben. (0918) Von H. Hans, 104 S., kart. ●●

99 Alternativen für Umsteiger
Mehr Freude am Leben mit dem richtigen Beruf. (4251) Von D. Maxeiner, P. Birkenmeier, 192 S., 143 Fotos, 46 Zeichnungen, kart. ●●●

Lebenslauf und Bewerbung
Beispiele für Inhalt, Form und Aufbau. (0428) Von H. Friedrich, 112 S. kart. ●

Erfolgreiche Bewerbungsbriefe und Bewerbungsformen
(0138) Von W. Manekeller, 88 S., kart. ●

Die erfolgreiche Bewerbung
Bewerbung und Vorstellung. (0173) Von W. Manekeller, 156 S., kart. ●

Die Bewerbung
Der moderne Ratgeber für Bewerbungsbriefe, Lebenslauf und Vorstellungsgespräche. (4138) Von W. Manekeller, 264 S., Pappband. ●●

Erfolgreiche Bewerbung um einen Ausbildungsplatz
(0715) Von H. Friedrich, 136 S., kart. ●

Die ersten Tage am neuen Arbeitsplatz
Ratschläge für den richtigen Umgang mit Kollegen und Vorgesetzten (0855) Von H. Friedrich, 104 S., kart. ●

Zeugnisse im Beruf
richtig schreiben, richtig verstehen. (0544) Von H. Friedrich, 112 S., kart. ●

Vorstellungsgespräche
sicher und erfolgreich führen. (0636) Von H. Friedrich, 144 S., kart. ●

Keine Angst vor Einstellungsstests
Ein Ratgeber für Bewerber. (0793) Von Ch. Titze. 120 S., 67 Zeichnungen, kart. ●

Esoterik

Bauernregeln, Bauernweisheiten, Bauernsprüche
(4243) Von G. Haddenbach, 192 S., 62 Farbabb. 9 s/w-Fotos, 144 s/w-Zeichnungen, Pappband. ●●●

Gesund durch Gedankenenergie
Heilung im gemeinsamen Kraftfeld (6035) VHS, 45 Min., in Farbe ●●●●●*

Die hier vorgestellten Bücher, Videokassetten und Software sind in folgende Preisgruppen unterteilt:

● Preisgruppe bis DM 10,–/S 79,–
●● Preisgruppe über DM 10,– bis DM 20,– S 80,– bis S 160,–
●●● Preisgruppe über DM 20,– bis DM 30,– S 161,– bis S 240,–
●●●● Preisgruppe über DM 30,– bis DM 50,– S 241,– bis S 400,–
●●●●● Preisgruppe über DM 50,–/S 401,–
*(unverbindliche Preisempfehlung)

Die Preise entsprechen dem Status beim Druck dieses Verzeichnisses (s. Seite 1) – Änderungen, im besonderen der Preise, vorbehalten –

FALKEN

Die Magie der Zahlen
So nutzen Sie die Geheimnisse der Numerologie für Ihr persönliches Glück mit dem völlig neuen Planetennumeroskop
(4242) Von B. A. Mertz, 224 S., 36 Abbildungen, Pappband. ●●●

I Ging der Liebe
Das altchinesische Orakel für Partnerschaft und Ehe. (4244) Von G. Damian-Knight, 320 S., 64 s/w-Zeichnungen, Pappband. ●●●

Die neue Lebenshilfe **Biorhythmik**
Höhen und Tiefen der persönlichen Lebenskurven vorausberecnen und danach handeln. (0458) Von W. A. Appel, 157 S., 63 Zeichnungen, Pappband. ●●

Die neue Erkenntnisse zum Biorhythmus
Individuelle Rhythmogramme für Berufserfolg und Gesundheit, Partnerschaft und Freizeit, Beilage: Tagesformplaner.
(4276) Von H. Bott, 144 S., 35 s/w-Zeichnungen, Pappband. ●●●

Falken-Handbuch **Kartenlegen**
Wahrsagen mit Tarot-, Skat-, Lenormand- und Zigeunerblättern.
(4226) Von B. A. Mertz, 288 S., 38 Farb- und 108 s/w-Abb. Pappband. ●●●●

Wahrsagen mit Tarot-Karten
(0482) Von E. J. Nigg, 112 S., 4 Farbtafeln, 52 s/w-Abb., Pappband. ●●

Selbst Wahrsagen mit Karten
Die Zukunft in Liebe, Beruf und Finanzen. (0404) Von R. Koch, 112 S., 252 Abb., Pappband. ●●

Weissagen, Hellsehen, Kartenlegen . . .
Wie jeder die geheimen Kräfte ergründen und für sich nutzen kann. (4153) Von G. Haddenbach, 192 S., 40 Zeichnungen, Pappband. ●●

Erkennen Sie Psyche und Charakter durch
Handdeutung
(4176) Von B. A. Mertz, 252 S., 9 s/w-Fotos, 160 Zeichnungen, Pappband. ●●●●

Falken-Handbuch **Astrologie**
Charakterkunde · Schicksal · Liebe und Beruf · Berechnung und Deutung von Horoskopen · Aszendenttabelle. (4068) Von B. A. Mertz, 342 S., mit 60 erläuternden Grafiken, Pappband. ●●●

Die Familie im Horoskop
Glück und Harmonie gemeinsam erleben – Probleme und Gegensätze verstehen und tolerieren. (4161) Von B. A. Mertz, 296 S., 40 Zeichnungen, kart. ●●●

Aztekenhoroskop
Deutung von Liebe und Schicksal nach dem Aztekenkalender. (0543) Von C.-M. und R. Kerler, 160 S., 20 Zeichnungen, Pappband. ●

Was sagt uns das Horoskop?
Praktische Einführung in die Astrologie. (0655) Von B. A. Mertz, 176 S., 25 Zeichnungen, kart. ●

Das Super-Horoskop
Der neue Weg zur Deutung von Charaker, Liebe und Schicksal nach chinesischer und abendländischer Astrologie. (0465) Von G. Haddenbach, 175 S., kart. ●

Liebeshoroskop für die 12 Sternzeichen
Alles über Chancen, Beziehungen, Erotik, Zärtlichkeit, Leidenschaft. (0587) Von G. Haddenbach, 144 S., 11 Zeichnungen, kart. ●

Die 12 Sternzeichen
Charakter, Liebe und Schicksal. (0385) Von G. Haddenbach, 160 S., Pappband. ●●

Die 12 Tierzeichen im chinesischen Horoskop
(0423) Von G. Haddenbach, 128 S., Pappband. ●

Sternstunden
für Liebe, Glück und Geld, Berufserfolg und Gesundheit. Das ganz persönliche Mitbringsel für Widder (0621), Stier (0622), Zwillinge (0623), Krebs (0624), Löwe (0625), Jungfrau (0626), Waage (0627), Skorpion (0628), Schütze (0629), Steinbock (0630), Wassermann (0631), Fische (0632) Von L. Cancer, 62 S., durchgehend farbig, Zeichnungen, Pappband. ●

Computer-Bücher und Software

Computer Grundwissen
Eine Einführung in Funktion und Einsatzmöglichkeiten. (4302) Von W. Bauer, 176 Seiten, 193 Farb- und 12 s/w-Fotos, 37 Computergrafiken, kart., ●●●
(4301) Pappband, ●●●●

Einführung in die Programmiersprache BASIC. (4303) Von S. Curran und R. Curnow, 192 S., 92 Zeichnungen, kart. ●●

Intelligenz in BASIC
für Schneider CPC 464/664/6128. Mit Diskette 3". (4320) Von K.-H. Koch, 160 S., 14 Zeichnungen, kart. ●●●●●

Lernen mit dem Computer. (4304)
Von S. Curran und R. Curnow, 144 S., 34 Zeichnungen, Spiralbindung, ●●

Garantiert BASIC lernen mit dem C 128
Mit komplettem Kurs-Diskette
(4321) Von A. Görgens, 288 S., 4 s/w-Fotos, 83 Zeichnungen, kart. ●●●●

Grundwissen Informationsverarbeitung
(4314) Von H. Schiro, 312 S., 59 s/w-Fotos, 133 s/w-Zeichnungen, Pappband. ●●●●●

Heimcomputer-Bastelkiste
Messen, Steuern, Regeln mit C 64-, Apple II-, MSX-, TANDY-, MC-, Atari- und Sinclair-Computern. (4309) Von G. A. Karl, 256 S., 160 Zeichnungen, kart. ●●●●

WORDSTAR 2000
Textverarbeitung für Einsteiger und Profis Mit erprobten Anwendungen aus der Praxis. (4317) Von D. Nasser, 200 S., 9 s/w-Fotos, 3 Zeichnungen, kart. ●●●●●

Drucker und Plotter
Text und Grafik für Ihren Computer.
(4315) Von K.-H. Koch, 192 S., 12 Farbtafeln, 5 s/w-Fotos, kart. ●●●●

Computergrafik
Von den Grundlagen bis zum perfekten 3 D-Programm. (4319) Von A. Brück, 296 S., 20 Farbtafeln, 180 s/w-Grafiken, 50 s/w- Zeichnungen, 83 Listings, Pappband. ●●●●●

Textverarbeitung mit Home- und Personal-Computern
Systeme – Vergleiche – Anwendungen.
(4316) Von A. Görgens, 128 S., 49 s/w-Fotos, kart. ●●●●

Die tägliche PC-Praxis
Anwendungshilfen, Programme und Erweiterungen für MS-DOS-Computer
(4322) Von A. Görgens, 224 S., 25 Abbildungen, kart. ●●●●

dBase III
Einführung für Einsteiger und Nachschlagewerk für Profis. (4310) Von J. Brehm, G. A. Karl, 211 S., 23 Abb., kart. ●●●●●

FALKEN PC PRAXIS
Desktop Publishing
Setzen und Drucken auf dem Schreibtisch. (4323) Von A. Görgens, 120 S., 11 s/w-Fotos, 72 Zeichnungen, kart. ●●●

FALKEN PC PRAXIS
WordStar Praxis professionell
Für die Versionen 3.4/3.45/4.0
Erweiterungen · Praxis-Tips · Datenaustausch · Desktop Publishing. (4324) Von A. Görgens, 172 S., 2 s/w-Fotos, 2 s/w-Zeichnungen, 116 s/w-Grafiken, kart. ●●●●

Die Super-Preisleistung

Die 100 bekanntesten und beliebtesten Volkslieder, mit wunderschönen Farbzeichnungen von Brian Bagnall, durchgehend farbig im Großformat als gebundener Pappband.

Kein schöner Land… Das große Buch unserer beliebtesten Volkslieder. (0001) Hrsg. von Norbert Linke, 208 Seiten, 118 Farbzeichnungen, Pappband.

Erschienen in der F. Bassermann'schen Verlagsbuchhandlung Nachf.

Die hier vorgestellten Bücher, Videokassetten und Software sind in folgende Preisgruppen unterteilt:

● Preisgruppe bis DM 10,–/S 79,–
●● Preisgruppe über DM 10,– bis DM 20,– S 80,– bis S 160,–
●●● Preisgruppe über DM 20,– bis DM 30,– S 161,– bis S 240,–
●●●● Preisgruppe über DM 30,– bis DM 50,– S 241,– bis S 400,–
●●●●● Preisgruppe über DM 50,–/S 401,–
*(unverbindliche Preisempfehlung)

Die Preise entsprechen dem Status beim Druck dieses Verzeichnisses (s. Seite 1) – Änderungen, im besonderen der Preise, vorbehalten –

FALKEN

 Für die Schweiz: sFr.-Preise gemäß Preisauszeichnung in der Buchhandlung